Kurt Hekele
Sich am Jugendlichen orientieren

Basistexte
Erziehungshilfen

Herausgegeben im Auftrag der
Internationalen Gesellschaft für erzieherische
Hilfen (IGfH)
von Josef Koch, Friedhelm Peters,
Elke Steinbacher und Wolfgang Trede

Kurt Hekele

Sich am Jugendlichen orientieren

Ein Handlungsmodell für subjektorientierte Soziale Arbeit

2. Auflage

BELTZ JUVENTA

Der Autor

Kurt Hekele, Jg. 1940, Dipl.-Psych., zunächst Werkzeugmacher, Abitur auf dem zweiten Bildungsweg, Studium in Tübingen und Hamburg; langjährig beschäftigt als Fachberater im „Verbund sozialtherapeutischer Einrichtungen (VSE) Celle e.V." und zwischen 1998 und 2001 als Moderator im INTEGRA-Projekt in Celle; jetzt selbständig tätig als Praxisberater und Fortbildner.

Schwerpunkte: Konzept und Methodenentwicklung, Beratung und Fortbildung. Derzeit insbesondere mit dem Thema „Sozialraum-orientierung als sozialpolitische Einheiten" beschäftigt.

Bibliografische Information der Deutschen Nationalbibliothek

Die Deutsche Nationalbibliothek verzeichnet diese Publikation in der Deutschen Nationalbibliografie; detaillierte bibliografische Daten sind im Internet über http://dnb.d-nb.de abrufbar.

1. Auflage 2005
2. Auflage 2014

www.beltz.de · www.juventa.de
Druck und Bindung: Beltz Bad Langensalza GmbH, Bad Langensalza
Printed in Germany

ISBN 978-3-7799-2686-3

Vorwort der Herausgeber

Wenn ein Buch das Prädikat eines Basistextes beanspruchen kann, dann dieses. Erstmals 1987 im Eigenverlag der IGfH veröffentlicht, bildete das aus der praktischen Arbeit des „Verbunds Sozialtherapeutischer Einrichtungen (VSE) Celle" hervorgegangene Konzept für viele Reformprozesse der achtziger und frühen neunziger Jahre und bis heute fortwirkend einen bedeutsamen fachlichen Bezugspunkt einer strikt subjektorientierten Praxis Sozialer Arbeit und Jugendhilfe.

Der Kern dieses bewusst „aus der Praxis für die Praxis" und insofern besonders für Personen, die an der Basis arbeiten, geschriebenen Konzepts scheint dabei verblüffend einfach: Ausgehend von einer Kritik einer vergleichsweise aufwändigen zumeist psychologisch oder gar psychiatrisch orientierten Diagnostik, deren ‚Wahrheitsgehalt' oder auch nur Sinnhaftigkeit, vor allem aber deren Handlungsempfehlungen die ErzieherInnen unterschiedlichster Ausbildungsprovenienz kaum nachvollziehen, auf keinen Fall aber unter ihren gegebenen Arbeitsbedingungen ‚umsetzen' konnten (und die zudem erhebliches stigmatisierendes Potential besaßen und besitzen), wurde hier ein einfaches, verständliches und vor allem praktikables Handlungsmodell entwickelt. Es gilt – unter grundsätzlicher Unterstellung eines positiven Menschenbildes – in der Sprache des Textes die Trias *„verbaler Äußerungen"* – *„Verhaltensäußerungen"* (von am Prozess Beteiligten) – *„äußerer Bedingungen"* (als den Rahmenbedingungen des jeweiligen pädagogischen Handelns) situationsspezifisch *gleichberechtigt*, *gleichwertig* und *gleichzeitig* zu berücksichtigen. Die daraus entstehenden oder sichtbar werdenden Widersprüche bilden dann als *Zentralorientierungen* für die MitarbeiterInnen die Ansatzpunkte für das pädagogische Handeln – prinzipiell auf allen Ebenen der Praxis.

Es ist dabei aufregend, dass – obgleich sich das disziplinäre und professionelle Wissen auch hinsichtlich der Hilfeplanung und des sozialpädagogischen Fallverstehens („Diagnostik") in den letzten Jahren rasant entwickelt hat – die Handlungsorientierung dieses Wissens hinter dem Erkenntnisstand deutlich hinterher hinkt und dass das hier vorgestellte Konzept „sich am Jugendlichen orientieren“ nach wie vor aber gerade dieses leistet.

Allein es ist – frei nach B. Brecht – auch hier das Einfache, das schwer zu machen ist. Deshalb bietet das vorliegende Buch neben der Darstellung und Erläuterung des Konzepts und seiner Voraussetzungen auch ‚Anwendungsbeispiele' und Weiterentwicklungen, die verdeutlichen, wie die Perspektive des „sich am Gegenüber orientieren“ auch in Zeiten verstärkter Nachfragen an Wirkungs- und Zielorientierungen Sozialer Arbeit seine praxiswirksame Bedeutung erhält.

Der vorliegende Text repräsentiert Grundmuster des Handelns, Arbeitsprinzipien und Kernelemente des ‚*Wie'* methodischen Handelns – ohne einzelne Elemente oder das Konzept selbst zu verabsolutieren oder als schlichte Technologie anzubieten.

Das Konzept „Sich am Jugendlichen orientieren“, das auf eine wissenschaftsorientierte Begründung weitestgehend verzichtet, obwohl Bezüge zur humanistischen Psychologie (Rogers), kritischen Psychologie (Holzkamp) wie einer Alltagsdialektik (Kosik) und systemischen Denken anklingen, hat sich über die Jahre als „generatives Handlungskonzept“ (P. Freire) bewährt, in dem Ideen, Werte, Erfahrungen und Hoffnungen miteinander eng verwoben sind und das zudem eine starke motivierende Energie ausstrahlt. Es spricht Themen an, die konkrete Verfahren in Gang setzen, Modi der Reflexion speisen und Kommunikationen und Kooperation strukturierend beeinflussen. Und: Nimmt man das Konzept ernst und lässt sich darauf ein, wird man sehr schnell feststellen, dass es tatsächlich geeignet ist, eine veränderte Praxis zu ermöglichen.

Die Herausgeber
der Reihe Basistexte Erziehungshilfen

Inhalt

Einleitung zur völlig überarbeiteten Neuauflage

Endlich eine überarbeitete Version des Konzepts „sich am Jugendlichen orientieren“ vorlegen zu können, freut mich, weil das Konzept, obwohl es häufig nachgefragt wurde und das Interesse über zahlreiche Fortbildungen, Workshops, Tagungen etc. eher noch gewachsenen ist, schon lange nicht mehr zur Verfügung stand. Sehr viele Personen haben das Konzept in Ihren Einrichtungen und ihren Teams eingebracht (für manche Träger wurde es gar verbindliches Konzept), die Methoden geübt und mir wertvolle Rückmeldungen gegeben. Dafür möchte ich mich hiermit bedanken. Außerdem besteht nun die Möglichkeit, Erfahrungen, methodische Präzisierungen und Fortschreibungen in die Überarbeitung einzubeziehen.

Der Anwendungsbereich des Konzeptes hat sich ‚über die Jahre‘ erweitert. Das Konzept ist ursprünglich im „Verbund sozialtherapeutischer Einrichtungen“ (VSE) Celle e.V., einem Jugendhilfeverbund, entstanden. Es wurde dort verbindliche Grundlage für die Arbeit im Bereich erzieherischer Hilfen. Diese wurden damals noch überwiegend als stationäre Heimerziehung durchgeführt. Das Hinterfragen der damaligen Heimerziehung und die Entwicklung von Alternativen, z.B. „Mobile Betreuung“ (MOB) waren erste Folgen des Konzeptes „sich am Jugendlichen orientieren“. Sie berücksichtigen bereits im stärkeren Maße die Perspektiven der Jugendlichen. Dieser historische Teil der Umsetzung des Konzepts in einer Vielzahl von Konflikten mit den belegenden Stellen und der Heimaufsicht (den Landesjugendämtern) wurde bei dieser Neuauflage ausgespart. Dies hat seinen Grund einerseits darin, dass die ‚alten Kämpfe‘ Geschichte geworden sind und neue Herausforderungen anstehen und das Konzept inzwischen anerkannt und erfolgreich ist. Andererseits entstanden neue Bedingungen und Möglichkeiten, z.B. durch das In-Kraft-Treten des Kinder- und Jugendhilfegesetzes 1991 sowie durch zahlreiche konzeptionelle Entwicklungen. Ich erinnere stellvertretend nur an die weitgehende Akzeptanz der sog. Strukturmaximen des achten Jugendberichts. Erwähnenswert ist in diesem Zusammenhang auch die konzeptionell grundsätzliche Bejahung sozialräumlich ausgerichteter flexibler integrierter Hilfen (vgl. Koch/Peters 2004), auch wenn sich damit sehr unterschiedliche Vorstellungen verbinden.

Die Landschaft erzieherischer Hilfen und damit auch die Heimerziehung hat sich weitgehend verändert und differenziert. Eine besonders rasante Entwicklung nahm überall der Ausbau ambulanter Hilfen, die jedoch nach wie vor noch häufig „versäult“ organisiert sind und die auch, aber nicht nur, aus Kostengründen favorisiert werden.

Da pädagogische Institutionen sich oft all zu sehr auf Pädagogik zentrieren und die gesellschaftlichen Bedingungen des Aufwachsens und Lernens vernachlässigen, hat sich die Einbeziehung der „äußere Bedingungen“ als bedeutsamer Konzeptteil herausgestellt. Dazu gehörte und gehört nach wie vor auch, dass in den Einrichtungen bestimmte Strukturen vorhanden sein müssen, um Teilhabe und Selbstbestimmung der AdressatInnen (Kinder/Jugendliche und deren Familien) zu gewährleisten. Es ist kein Zufall, dass sich das Konzept im VSE, einem selbstverwalteten Träger, entwickelt hat. Um Selbstbestimmungsprozesse bei anderen zu fördern, müssen auch BetreuerInnen selbstbestimmt handeln können. Beide Aspekte sind mir nach wie vor sehr wichtig – sie finden in der Betonung der selbstverantworteten „Teamarbeit“ sowie „Kollegialen Beratung“ ihre methodische Beachtung.

Die Berücksichtigung der „äußeren Bedingungen“ findet in der Überarbeitung des Konzepts Ausdruck darin, dass in Teil II der veränderten Situation in der Jugendhilfe insofern Rechnung getragen wird, dass Elemente der Qualitätsentwicklung und -sicherung sowie einer *systematischen* AdressatInnenorientierung – in Form von Arbeitsblättern und konkreten Beispielen „wie man’s machen kann“ – eingearbeitet worden sind. Auch wird verstärkt auf *„Sozialraumorientierung“* eingegangen[1]. Diese Teile verstehen sich als Weiterentwicklung des ursprünglichen Konzepts, ohne dass damit der allgemein gültige Anspruch dieses Konzeptes aufgegeben würde.

Die Forderung des Konzeptes, von den Menschen aus zu gehen und nicht von Institutionen, Trägerinteressen, Planstellendenken, Verwaltungs- und Organisationslogiken, sorgt nach wie vor für Zündstoff und sozialpolitische Auseinandersetzungen.

Die methodische Weiterentwicklung des Konzeptes wurde bisher meist mündlich weiter vermittelt. Es geschah oft über die o.g. Fort- und Weiterbildungen oder in Ausbildungskontexten[2]. Ich erwähne das, weil eine strukturelle Offenheit ebenfalls Bestandteil dieses Konzepts ist. Auch die hier neu vorgelegte Fassung stellt in diesem Sinne keine Endfassung dar, sondern wird sich in der Praxis weiter entwickeln und um neue Elemente anreichern.

Da das Konzept „sich am Jugendlichen orientieren" nicht in erster Linie in Auseinandersetzung mit wissenschaftlichen Positionen und mit anderen AutorInnen entstanden ist, sondern

---

1 Eine diesbezügliche Veröffentlichung, unter dem Titel „Eine andere Jugendhilfe ist möglich" befindet sich in Vorbereitung

2 In der Fachhochschule für Sozialpädagogik des Rauhen Hauses in Hamburg ist das Konzept Teil der studentischer Ausbildung geworden. Dies brachte wie in vielen Fortbildungen sehr wertvolle Erfahrungen dahingehend, wie man das Konzept mit samt den methodischen Anteilen vermittelt Dafür möchte ich ausdrücklich Timm Kunstreich und Michael Langhanky, aber auch den anderen Lehrkräften danken.
In den Kontaktstudiengängen (Sozialpädagogisches Institut des Rauhen Haus) diente das Konzept zur berufsbegleitenden Qualifizierung von KollegInnen, die mit Behinderten arbeiteten. Es nahmen KollegInnen teil, die mit schwerstbehinderten Menschen arbeiteten. Skeptisch über die Anwendung in diesem Bereich, war ich über die erzielten Erfolge sehr überrascht.
Ebenfalls in der sog. Hamburger Heimreform der achtziger Jahre und den dort stattgehabten Kontaktstudiengängen wurde erfolgreich nach dem Konzept gearbeitet; in diesem Zusammenhang bedanke ich mich auch bei F. Peters, der wesentlicher Initiator dieser Kontaktstudiengänge war und auch eine weitergehende Basis für dieses Konzept offeriert hat (vgl. Peters: Professionalität im Alltag, Entwicklungsperspektiven in der Heimerziehung II, Bielefeld 1993).

aus und in direkter Reflexion einer Praxisentwicklung, verzichte ich weitgehend auf die Einarbeitung wissenschaftlicher Literatur. Im Literaturverzeichnis finden sich einige Hinweise, die Hintergründe und zwischenzeitliche Entwicklungen dokumentieren können.

Zum Schluss noch ein Dank an meine MitautorInnen der ersten Ausgabe: Detlev Arendt (hat sich selbstständig gemacht) und Martina Rudolph (VSE), die die Erstfassung wesentlich mitgestaltet haben. Martina Rudolph hat auch die Überarbeitung als aufmerksame und kritische Partnerin begleitet. Dafür möchte ich ihr an dieser Stelle besonders danken. Danken möchte ich auch meiner Tochter Nina Rudolph, die als jugendliche Teamerin des ShS-Projektes das Konzept genutzt und sich in Folge kritisch mit dem Projekt auseinander gesetzt und mir so ebenfalls wertvolle Rückmeldungen gegeben hat.

Celle, Oktober 2004
Kurt Hekele

Teil I: Konzeptionelle Grundlagen

1. Entstehung des Konzepts „sich am Jugendlichen orientieren"

Das Konzept „sich am Jugendlichen orientieren" ist in den achtziger Jahren entstanden aus der Kritik der damaligen Heimerziehung. Eigentlicher Ausgangspunkt waren die Bewertungen und häufig stigmatisierenden Äußerungen über Kinder und Jugendliche in psychosozialen Diagnosen, Entwicklungsberichten und fachlichen Stellungnahmen. Bei Aufnahmeanfragen, Vorstellungsgesprächen und später bei den Betreuungen fiel auf, dass häufig die diagnostischen Aussagen mit dem Verhalten der Kinder und Jugendlichen nicht übereinstimmten. Davon irritiert, machte ich mir die Mühe, dieses Phänomen genauer in Augenschein zu nehmen. Ich ließ mir mehrfach die Gesamtakte schicken und verglich die Aufzeichnungen mit unseren eigenen Erfahrungen in der Betreuung. Was sich hier zeigte, war zumeist erschreckend. Der anfangs gehegte Verdacht auf eine „minimale cerebrale Dysfunktion" wurde dann z.B. in den Entwicklungsberichten der Fachkräfte als „Hirnschaden" zum festen Bestandteil der über die Jugendlichen geführten Akten. Da wurde absolute „Bindungs- und Beziehungslosigkeit" ‚diagnostiziert', aber ein paar Seiten weiter beklagt, dass eine Jugendliche immer wegläuft zu einer ehemaligen Hauswirtschafterin. Jugendlichen wurde Gruppenunfähigkeit bescheinigt, aber gleichzeitig moniert, dass sie sich in Cliquen aufhielten. Sie hatten offensichtlich lediglich „keinen Bock" auf ein Leben in einer Heimgruppe, waren ansonsten aber sehr wohl ‚gruppenfähig'.

Ein Psychiater diagnostizierte geistige Behinderung bei einer Vierzehnjährigen. Bei eigenen Tests ergab sich jedoch lediglich eine Lese- und Rechtschreibschwäche. Darauf angesprochen, wie er zu obiger Diagnose kam, meinte der Psychiater: „Ich habe mich mit dem Mädchen eine Viertelstunde unterhalten und diesen Eindruck gewonnen. Ich dachte, ich tue ihr und

Ihnen in der Einrichtung einen Gefallen. Auf diese Weise ist doch die Verlängerung der Maßnahme gesichert."

Die Jugendliche selbst war äußerst deprimiert mit dem Stigma der „geistigen Behinderung" abgestempelt zu sein. Sie blühte auf, als wir ihr die Sache erläuterten. Sie lernte erfolgreich einen Beruf, hat heute eine Familie mit 2 Kindern und hat dazu beigetragen, ein Haus zu bauen. Sicherlich darf man solche Einzelbeispiele nicht unzulässig – weder im positiven noch im negativen Sinne – verallgemeinern, aber beim Durchsehen der schriftlichen Aufzeichnungen wurde deutlich, dass diese oftmals nicht nur stigmatisierend, sondern auch stark interessengeleitet sind. Die Aussagen hängen davon ab, ob eine Betreuung verlängert oder beendet oder ob ein Jugendlicher gar „abgeschoben" werden soll. Auch Jugendämter verhielten sich in diesem Sinne strategisch und hielten schon 'mal wichtige Informationen zurück, wenn sie unter Druck standen, Kinder oder Jugendliche schnell unterzubringen.

In den Akten fällt auf, dass nie Fehleinschätzungen der Behörden, Organisationsmängel der Einrichtung oder der Eigenanteil der Fachkräfte bei Fehlentwicklungen zu finden waren. Ein psychologischer Dienst einer bestimmten Kommune attestierte in stereotyper Regelmäßigkeit eine „Kernneurose" – und hinterließ ratlose ErzieherInnen. Psychiater, für die die Jugendhilfe kein attraktiver Markt ist, zeichneten sich oft durch verkürzte, aber mit Fachbegriffen überladene Stellungnahmen aus.

Solche und eine Vielzahl ähnlicher Erfahrungen führten bei mir dazu, dass ich Diagnosen in der Jugendhilfe als „üble Nachrede" bezeichnete. Das einzig Aussagekräftige waren die Äußerungen der Kinder und Jugendlichen selbst. Es war wichtiger sich daran, als an der Aktenlage zu orientieren, und so entstand der Begriff *„Sich am Jugendlichen orientieren"*.

Unter dieser Begrifflichkeit entwickelte sich dann das hier darzustellende Konzept „Sich am Jugendlichen orientieren"[3] als ein Alltags- und handlungsbezogenes Konzept.

---

3 Inzwischen deckt der Begriff „Jugendliche" die Reichweite des Konzeptes nicht mehr ab. Dies zeigt sich auch in der Wortwahl. In den

Konzept meint in diesem Zusammenhang einen durch theoretische Annahmen gestützten Orientierungsrahmen, einen Entwurf und eine Konzeption für praktisches Handeln. Es enthält Ideen und Methoden. Es zielt auf Ergebnisse und bietet Maßstäbe für die Bewertung von Handlungsschritten. Konzepte bieten darüber hinaus die Möglichkeit, Kommunikation zu strukturieren; sie sollen für PraktikerInnen erfolgreich anwendbar sein. Konzepte enthalten Musterbeispiele richtigen Umgangs mit praktischen Problemen und werden definiert, um vermittelbar und erlernbar zu sein, denn nur so – und über die Akzeptanz durch die MitarbeiterInnen – können sie handlungsrelevant werden.

Das Konzept „Sich am Jugendlichen orientieren" ermöglicht einen prinzipiell neuen oder ‚anderen' methodischen Zugang zum professionellen Handeln im Betreuungsalltag erzieherischer Hilfen und darüber hinaus. Wichtig ist nicht primär eine diagnostische Erkenntnis und das Herausfinden von ‚Störungen' oder ‚Persönlichkeitsdefiziten', sondern wie Menschen unter gegebenen persönlichen Voraussetzungen und ihren äußeren Bedingungen ihre Situation begreifen, damit umgehen und Perspektiven entwickeln können.

Das Konzept „sich am Jugendlichen orientieren" verlangt eine ganzheitliche Sichtweise. Damit können individuelle Schicksale nicht getrennt von sozialräumlich sich darstellenden Lebensverhältnissen und gesellschaftlichen Strukturen betrachtet werden. Dies richtet sich gegen ein Individualisieren von Problemlagen, wie es z.B. in der Jugendhilfe und bei den Einzelfallhilfen zumeist regelhaft der Fall ist.

Die im Konzept vermittelte Herangehensweise bedarf einer gründlichen Einarbeitung möglichst anhand konkreter Bei-

---

Erstfassungen richtet sich das Konzept an „den Jugendlichen", und „den Betreuer" in der Heimerziehung. Inzwischen ist die „weibliche Differenzierung" selbstverständlich geworden. Mit dem Begriff „sich am Jugendlichen orientieren" sind wir in einer Zwickmühle. Manche kritisieren, er sei zu sehr „männlich" bestimmt, nicht ganz zu Unrecht. Deshalb soll betont werden: *Der Begriff „sich am Jugendlichen orientieren" steht als Synonym für männliche und weibliche Kinder, Jugendliche und Erwachsene. Er bezieht sich auf Menschen, auf eine bestimmte Grundhaltung und eine subjektorientierte Vorgehensweise.*

spiele aus der eigenen Praxis. Denn einiges scheint den gewohnten Denk- und Handlungsweisen zu widersprechen. Dies gilt insbesondere für den Begriff der „Zentralorientierung“, der einer diagnostischen Sichtweise gegenüber gestellt wird, der aber ohne ausreichende Reflexion immer wieder als diagnostische Kategorie verwandt wurde.

Da gerade dieser Begriff der „Zentralorientierung“ für das Konzept von großer Bedeutung ist, sich aber auch für Missverständnisse anbietet, soll hier noch einmal vorab einführend (vgl. ansonsten Kap. 3) darauf eingegangen werden.

Mit „Orientierung“ ist eine Leitlinie gemeint für die Betreuerin in ihren Überlegungen, wie sie mit dem Jugendlichen hilfreich umgehen kann. Es ist also eine Orientierung für die Reflexion und das Handeln. Ein Orientierungswert ist keine ‚absolute’ Festlegung. Hier entsteht ein erster Gegensatz zu einem diagnostischen Begriff. Eine diagnostische Kategorie zielt – im Prinzip jedenfalls – schon vom Begriff her auf eine eindeutige, zumeist ursächliche Erklärung, der im Erziehungsalltag (ganz unabhängig von seiner „Richtigkeit“) kaum entsprochen werden kann. Der Orientierungsbegriff entspricht – gerade wegen seiner gewissen Offenheit – jedoch besser dem Betreuungs*alltag,* der komplex und vieldeutig ist und in dem es nicht eine einzige richtige, sondern immer nur mehr oder weniger hilfreiche Vorgehensweisen gibt.

Mit den gewählten Begrifflichkeiten wird eine Vorrangigkeit „am Jugendlichen orientierter“ Kriterien angestrebt. Damit sollen nicht, wie manchmal befürchtet wird, andere Sichtweisen und Standpunkte aufgegeben werden. Sie finden sich im Konzept wieder als z.B. „äußere Bedingungen“ für den Jugendlichen und nachrangig auch für die MitarbeiterInnen. Die Betonung der Vorrangigkeit ergibt sich aus der Erfahrung, dass im Alltag die „ am Jugendlichen orientierten“ Sichtweisen am schnellsten aufgegeben werden, während andere Gesichtspunkte weniger Gefahr laufen, unberücksichtigt zu bleiben. „Zentralorientierungen“ ergeben sich, wie im weiteren Verlauf ausführlich dargestellt werden wird, aus der *gleichwertigen* (dies der inhaltliche Aspekt) und *gleichzeitigen (*dies ein methodischer Hinweis) Berücksichtigung der drei Bereiche:

- *Verbale Äußerungen* (z.B. Willensäußerungen, Wünsche, Aussagen in Bezug auf bestimmtes Handeln usw.).
- *Verhaltensäußerungen* (Berücksichtigung dessen, was sie wie tun, auch psychische Befindlichkeiten).
- *Äußere Bedingungen* (die Tatsache einer erzieherischen Hilfe nach bestimmten gesetzlichen Bedingungen; Schulpflicht, Momenten professioneller, beruflicher Hilfe; Auflagen, Wünsche anderer Stellen usw.)

Die „äußeren Bedingungen" sind nicht nur eine Angelegenheit der Betroffenen, mit denen sie sich auseinander setzen müssen, sondern sie enthalten auch die Aufforderung an die Verantwortlichen, gute Bedingungen der Sozialisation, des Lernens und der Bildung zu schaffen und vorzuhalten.

In dem Konzept bilden Prozess- und Handlungsorientierung wichtige Schwerpunkte. Damit verbindet sich eine gewisse Offenheit in der Anwendung, denn Prozesse in der Praxis sind komplex und können deshalb nicht methodisch „verregelt" werden. Gestaltungsfreiheit ist somit gewollt und Teil des Konzeptes.

2. Das zugrunde liegende Menschenbild

Wesentliche Grundlage des Konzeptes ist ein bestimmtes positives Menschenbild, das von spezifischen Grundannahmen ausgeht. Dazu gehört die Annahme, dass

- Kinder und Jugendliche prinzipiell den Erwachsenen gleichgestellte Menschen sind. Dazu gehört, dass jeder Mensch ein positives Interesse an sich selbst, an einem gelungenen sozialen Miteinander und insgesamt an einer sinnhaften und sinngebenden Lebensgestaltung hat. Dazu gehört das Leben in der Gemeinschaft mit anderen, Anerkennung, Bestätigung, das Gefühl, wichtig und wertvoll zu sein, der Wunsch nach Wohlbefinden, der Wunsch, Dinge verstehen und begreifen zu wollen, der Anspruch nach Teilhabe und Selbstbestimmung, das Streben nach Existenzsicherung und die Sehnsucht auf eine positive Zukunft.
- Belastungen und Störungen entstehen, wenn solche Grundansprüche wenig Chancen auf Verwirklichung haben oder sie massiv und lang andauernd unterdrückt werden. Wenn nicht einsehbare Vorgaben und Fremdbestimmungen vorherrschen, können keine positiven Erfahrungen mit sich selbst gemacht werden, es entsteht eine Entfremdung zu sich selbst, ein Sich-selber-nicht-sicher-, Sich-selber-nicht-bewusst-Sein. Es bedarf dann oft dramatischer Verhaltensweisen, um eigene Impulse zum Ausdruck zu bringen und um auf sich aufmerksam zu machen (Rückzug, übergroße Ängste, Aggressionen, auffallendes Verhalten, Selbstverletzungen bis hin zu versuchten Selbsttötungen der Kinder und Jugendlichen).

In diesem Zusammenhang soll noch mit einem bestehenden stereotypen Vorurteil aufgeräumt werden. Auf das Konzept bezogen kommt es oft zu Äußerungen in der Art: „Das ist im Grunde alles gut und richtig, aber man muss doch auch sehen, dass die Kinder, mit denen es wir in der Jugendhilfe zu tun haben, noch nicht so weit sind…“ Dann wird auf die schwierigen Familienverhältnisse verwiesen, auf Störungen und Auffälligkeiten der Kinder, die verhindern, sich an ihnen zu orientieren, ja dass sie nicht in der Lage seien, für sich positiv zu bestimmen, was sie möchten.

Das ist falsch; das Konzept macht keinerlei Unterschiede und gilt gleichermaßen für alle. Und ohne Selbstbestimmung ist keine Hilfe möglich, jeder Mensch muss eine innere Entscheidung treffen und zustimmen, ob er eine Anregung annimmt oder nicht. Ein Kind, das lange Schule vermieden hat, muss für sich eine Entscheidung treffen, dass es jetzt aufsteht und zur Schule geht. Deshalb ist Selbstbestimmung so wichtig. Man kann das Kind hinfahren, in den Klassenraum tragen, auf den Stuhl setzen und festbinden, eine echte Teilnahme am Unterricht ist damit nicht gegeben. Es muss in einer inneren Entscheidung zustimmen und es wollen.

Mit Gewalt kann man Menschen etwas wegnehmen, aber nichts geben. Es gibt auch keinen „Psychotropf“, der das möglich macht.

Die Sichtweise, dass Kinder in der Jugendhilfe auf Grund einer schwierigen Sozialisation „noch nicht so weit sind“ für sich Entscheidungen zu treffen und deshalb andere für sie zu ihrem Wohle entscheiden, ist unzulässig. Auch die Zuordnung über Indikatoren wie Scheidungskinder, Alleinerziehende, zerrüttete Familienverhältnisse oder Migranten und daraus oft folgende Stigmatisierungen der Kinder zum Problemklientel ist stereotyp geworden. Zwar sind solche Zusammenhänge zu beachten, aber eindeutige Aussagen im Sinne prinzipieller Defizite lassen sich daraus nicht ableiten. Oft zeigt sich hier eher das Gegenteil, nämlich dass Kinder aus schwierigen Familienverhältnissen besonders fähig und stark sein können. Die Fähigkeit, aus Krisen gestärkt hervorzugehen, ist z.B. Thema der Resilienzforschung. Obwohl nicht deutlich wird, warum die einen gestärkt Krisensituationen überwinden, die anderen nicht, kann man es zumindest als Indiz gegen eine einseitige defizitäre Sichtweise werten. Die Vorschläge zur Stärkung eines resilienten Verhaltens, wie ernst nehmen, respektieren, aktives Zuhören, eigene Lösungen finden lassen, entsprechen dem Konzept „sich am Jugendlichen orientieren“ und waren immer schon Teil einer guten Jugendhilfe.

Aus den oben gemachten grundsätzlichen Annahmen ist es notwendig, dass Kinder und Jugendliche Gelegenheit haben müssen, sich selber positiv zu erfahren. Dies kann nur gelingen, wenn andere sie ernst nehmen, sie in ihrem So-Sein prinzipiell akzeptieren. Hier liegt das Anliegen des Konzeptes „Sich am Jugendlichen orientieren“. Ein positives Menschenbild und prinzipielle Akzeptanz sind die wichtigsten Punkte in der Beziehung zu den Kindern, Jugendlichen aber auch zu den Erwachsenen und in unserem eigenen Umgang miteinander.

Die nachstehende Übersicht zeigt die Kernelemente des Konzepts:

Abb.1: Das Konzept „Sich am Subjekt orientieren“ – schematisch dargestellt

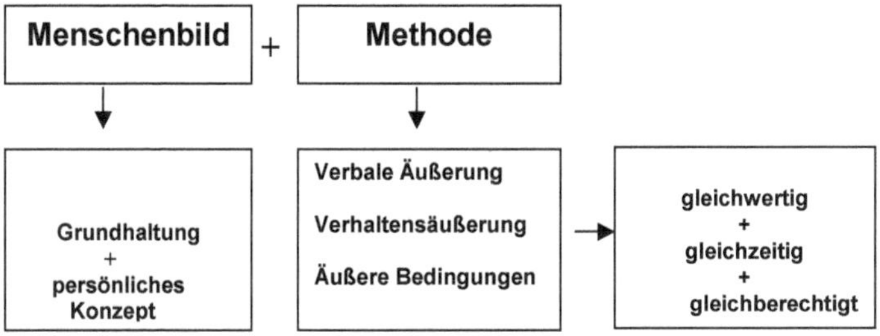

2.1 Grundhaltung

Das „Menschenbild“ muss, wenn es für das Handeln von Bedeutung sein soll, bei den handelnden Personen als innere Einstellung verankert sein. Wir nennen diese innere Haltung *„Grundhaltung“*. Begriffe wie Wertschätzung und Akzeptanz sind Ausdruck einer inneren Grundhaltung. Bei der *„Grundhaltung“* geht es um eine innere Einstellung, die als Haltung bestimmend für das Handeln ist.

Dazu einige Beispiele, bei denen bestimmte Grundhaltungen spürbar sind und das Handeln bestimmt haben könnten:

- *Eine Kollegin, die einen 17-jährigen Jungen betreut, regelt für diesen Jugendlichen über die Maßen viel an Alltagsangelegenheiten in Bezug auf Einkaufen, Ämtergänge, Wohnung in Ordnung halten und Geldangelegenheiten. Der Jugendliche gerät in eine angenehme, fürsorgliche Anhänglichkeit und auch Abhängigkeit. Die Kompetenz einer eigenständigen Lebensbewältigung gerät in Gefahr. Die Kollegin fällt trotz häufiger, kritischer Rückmeldungen immer wieder in dieses fürsorgliche Regeln zurück. In ihrem Handeln zeigt sich insgesamt eine bestimmte, mitgebrachte „Grundhaltung".*
- *In einer Einrichtung entscheidet die Erziehungsleitung immer wieder über das Team und die Jugendlichen hinweg über deren Angelegenheiten. In der Beratung wird an verschiedenen Punkten deutlich, dass dies sowohl von der konzeptionellen, methodischen Sichtweise des Teams wie auch von den gesetzlichen Grundlagen her kritikbedürftig ist. Das Team vermeidet jedoch eine kritische Klärung. Maßgeblich für diese Vermeidung ist eine im Team vorherrschende Grundhaltung.*
- *Ein Kollege hat in seinem Projektteam, das er selbst mitbegründet hat, eine dominierende Rolle. Viele Angelegenheiten werden über ihn geregelt. Er kritisiert verbal immer diesen Zustand, lässt sich dennoch immer wieder Arbeiten zuschieben, fühlt sich überlastet und von den anderen wenig verstanden. Er ist nicht in der Lage, seine Gefühlssituation deutlich zu machen und Verantwortung abzugeben. Die Zeit des Erklärens und Darstellens ist ihm zu aufwändig. In der Hälfte der Zeit, die dies beansprucht, könne er lieber die Arbeit selber erledigen. Auch hier wird eine bestimmte Grundhaltung deutlich.*
- *Eine Einrichtung sieht von ihrer Struktur her vor, dass wesentliche Angelegenheiten vom Team der Fachkräfte entschieden werden Dies erfordert von allen bei der Entscheidungsfindung eigenständige Beiträge. Dennoch gibt es einige Teammitglieder, die durch äußerste Zurückhaltung auffallen. Auf ihre Passivität angesprochen, meinen sie, sie würden sich nicht trauen und die anderen könnten dies sowieso besser. Fürsorgliche Ermunterung hat keinen Erfolg,*

kritische Stellungnahmen führen zu weiterem Rückzug. Eine bestimmte Grundhaltung ist maßgeblich dafür.

- *Ein Kollege verhält sich gegenüber seinen Jugendlichen sehr forsch, kritisiert Nichteinhaltung von Vereinbarungen verletzend und verhängt schnell Sanktionen. Auf sein Betreiben hin kam es im Laufe der Jahre zu mehreren Abschiebungen und Verlegungen. Es fehlt ihm an einer akzeptierenden Grundhaltung.*
- *Bei einer Klassenfahrt entfernte sich eine Jugendliche von ihrer Klasse und suchte ihre Mutter auf, die in der Nähe des Ausflugzieles wohnte. Sie meldete sich nicht ab und kam auch nicht mehr, um bei der Rückfahrt wieder dabei zu sein. In einem Gespräch mit den Lehrern wurden ihr massive Vorwürfe gemacht, ob sie sich denn nicht vorstellen könnte, in welche Schwierigkeiten ihre Klassenlehrerin hätte kommen können, falls ihr etwas zugestoßen wäre. Das mögliche Leid des Mädchens, falls ihr wirklich etwas zugestoßen wäre, wurde gar nicht erwähnt. Welche Grundhaltung war hier bestimmend?*
- *Ein 15-jähriges Mädchen (sexueller Missbrauch) entwickelte neben anderen Schwierigkeiten starke soziale Ängste und traute sich teilweise nicht mehr an die Öffentlichkeit. Sie verweigerte den Schulbesuch. Über eine sehr geduldige und einfühlsame Betreuerin gelang es, ihre Bereitschaft zu wecken und sie ging wieder zur Schule. Sie war aber nicht in der Lage, sich zu beteiligen und angemessene Leistungen zu bringen. Daraufhin wurde sie mehrfach vom Unterricht ausgeschlossen. Das Mädchen war trotz Schulpflicht nicht mehr zum Schulbesuch zu bewegen. Es fehlte in der Schule an einfühlsamer Grundhaltung.*
- *Eine Betreuerin war entsetzt, als sie die gewaltsame Auseinandersetzung zweier Mädchen miterlebte. Sie war nachher nicht mehr in der Lage, das Mädchen, für das sie zuständig war, weiter zu betreuen. Sie lehnte die Betreuung ab. Auch dies ist die Auswirkung einer bestimmten Grundhaltung.*
- *Nach einer Ehescheidung und Wiederheirat des Vaters mit einer Partnerin, die 2 Kinder mit in die Ehe brachte, entwickelte der 14-jährige Sohn des Vaters störende Auffälligkeiten. Als Folge davon kam es gegen den Willen des Jungen*

zu einer Heimunterbringung. Es gab massive Schwierigkeiten bei der Integration in die Heimgruppe, Verweigerung und Leistungsabfall in der Schule. Der sehnlichste Wunsch des Jungen war, wieder nach Hause zu kommen. Die Eltern sicherten dies zu, aber erst, wenn er in der Schule eine bestimmte Durchschnittsnote erreicht hätte.

- *Der Junge mühte sich ab und wurde besser in der Schule, aber die geforderte Leistung konnte er nicht bringen. Beim nächsten gemeinsamen Gespräch wurden ihm deshalb keinerlei Hoffnungen gemacht, wieder zurückkommen zu können. Der Junge zerstörte sein Zimmer im Heim und entwich in der Nacht.*
- *In einer vorübergehenden Arbeitsstelle wurde ein Meister auf den Jungen aufmerksam, zeigte Interesse und motivierte ihn zu einer Lehre. Der Junge bestand die Prüfung und bereitet sich inzwischen selbst auf die Meisterprüfung vor. Deutlicher kann die Wirkung von Grundhaltungen nicht gemacht werden.*

Die Beispiele weisen auf persönliche Einstellungen hin. Sie anzusprechen ist verunsichernd, es trifft einen sensiblen Bereich. Sie nicht anzusprechen führt aber zu keinen stimmigen Handlungsorientierungen.

Die Grundhaltung ist eine persönliche Einstellungskategorie, die maßgeblich für die Art und Weise des Handelns ist. Eine Grundhaltung ist Teil des „persönlichen Konzeptes“, das sich bei jedem Menschen im Laufe seiner Lebensgeschichte herausgebildet hat.

Das „persönliche Konzept“

Das „persönlichen Konzept“ ist das innere und verinnerlichte Bezugs- und Wertesystem, das jede Person mitbringt. Es ist Produkt der familiären Herkunft, der Erziehung, der allgemeinen und beruflichen (sowie evtl. wissenschaftlichen) Sozialisation und den dadurch vermittelten Normen und Werten.

Das persönliche Konzept ist zu seinem größten Teil ein „Konzept“, das den Personen nicht bewusst ist. Es enthält die für jeden von uns im Alltag als ungefragt „richtig“ unterstellten

Wissensbestände und Weltdeutungen. Dies bringt zunächst den Vorteil, spontan, ohne lange nachzudenken, handeln zu können. Hierin liegt jedoch auch der Nachteil. Da die Verinnerlichung sehr stark das Gefühl der Richtigkeit der persönlichen Überzeugtheit vermittelt, wird jegliches „In-Frage-Stellen“, außer in krisenhaften Situationen, grundsätzlich erschwert. Daraus ergeben sich Schwierigkeiten. Durch die unterschiedlichen Werdegänge unterscheiden sich die „persönlichen Konzepte“. Sie können in der Zusammenarbeit mit anderen konflikthaft aufeinander prallen. Hierin liegt Konfliktpotential für jedes Team.

Das Ansprechen solcher Grundhaltungen ist ungewohnt und teilweise auch tabuisiert, entspricht nicht den allgemeinen Gepflogenheiten. Deshalb wird das Thema oft umgangen. Auch wenn gemeinsame konzeptionelle Grundlagen als verbindlich anerkannt sind, setzen sich persönliche Konzepte immer wieder durch.

Im Folgenden wird unterschieden zwischen „naiver Grundhaltung“, wie sie sich aus dem „persönlichen Konzept“ ergibt, und einer „reflektierten Grundhaltung“, wie sie aus der Verbindung mit theoretischer „Aufklärung“ und einer kritischen Reflexion entsteht.

„Naive Grundhaltung“

Die naive Grundhaltung ist Teil und Ergebnis des in den meisten Teilen unbewussten „persönlichen Konzeptes“. Ergebnis deshalb, weil wir es immer wieder durch unser Handeln bestätigen. Diese naive Grundhaltung bestimmt vorwiegend unser alltägliches Handeln. Die Sichtweise und das Handeln, das aus dieser „naiven Grundhaltung“ heraus entsteht, kann man nicht als falsch bezeichnen. Denn damit werden viele Dinge des Alltags geregelt und bewältigt. Andererseits ist prinzipiell eine Erweiterung möglich, z.B. über andere Blickwinkel, neue Informationen, über den Gedankenaustausch und die Diskussion mit anderen. K. KOSIK,[4] ein tschechischer Philosoph, sagt in Bezug auf das persönliche Konzept, dass es weder richtig

4 Vgl. KOSIK, K. (1972): Dialektik des Konkreten, Ffm.

noch falsch sei. Es sei zwar „wirklich und real“, aber noch nicht das Wesentliche. Das, was man selber für unbedingt richtig hält, muss nicht richtig sein, es sind vermittelte Werte, Normen und Ideologien. Das, was wir oft vehement und unbeirrbar als eigene Überzeugung vertreten, ist nicht ausschließlich über unsere eigene Reflexion entstanden, sondern ist vermittelt über unsere Herkunft, Sozialisation und die gesellschaftlichen Verhältnisse. Es ist „ideologisch“ durchsetzt. KOSIK bezeichnet dies als „pseudokonkret“. Das „Pseudokonkrete“ ist nicht als etwas Falsches zu betrachten, denn das Wesentliche ist in ihm (immer auch) schon enthalten. Kosik nennt das „Pseudokonkrete“ Dämmerlicht der Wahrheit. Das Wahre zeigt sich und verbirgt sich zugleich (siehe Parallelen im Konzept „sich am Jugendlichen orientieren“ z.B. in den Punkten „Ereignisschilderung“ und „Bedeutungsträger“, weitere Ausführungen dazu unter 5.1 „Erkenntnis und Handeln im Alltag“).

„Reflektierte Grundhaltung“

Durch Reflexion und gemeinsame Diskurse lassen sich Zusammenhänge, in die wir verwickelt sind, erkennen, z.B. lässt sich auch das „persönlich Konzept durchschauen und in Frage stellen. Die „Pseudokonkretheit“ kann als solche erkennbar und die Realität als veränderbare wahrgenommen werden.

Ein solches kritisches Hinterfragen bringt den Vorteil eines weitergehenden Erkenntniszusammenhanges. Es ermöglicht einen persönlichen Gewinn und auch einen Gewinn in der Sache. Dies ist wichtig zu sehen, weil mit Kritik üblicherweise „gut“ und „schlecht“, „richtig“ und „falsch“ verbunden wird. Falsch ist dann etwas, was beseitigt werden muss[5]. Dies kann dann zu Rechtfertigungen, Rückzug und Aggressionen führen, wenn z.B. in einem Team persönliche Positionen und Haltungen vorschnell als „falsch“ abgewertet werden.

---

5 Auch unter dem Begriff Prävention wird versucht, „falsche Entwicklungen“ zu vermeiden. Es wird das Kind mit dem Bade ausgeschüttet. Denn damit wird gleichzeitig der konstruktive Teil von Fehlentwicklungen verhindert.

Die „naive Grundhaltung“ erscheint so nicht als etwas Falsches, das zu beseitigen ist, sondern geht in die „reflektierte Grundhaltung“ mit ein, ist dort im (dialektischen) Sinne „aufgehoben“. Das „richtige“ oder zu bewahrende wird in die neue Grundhaltung aufgehoben durch das „Miteingehen“, das, was blockiert, kann überwunden werden.

Wir können also festhalten: Über gemeinsame Reflexion, Einbeziehen anderer Sichtweisen und theoretischer Erkenntnisse erfolgt eine Anreicherung des „naiven Handlungsbegriffes“ und führt zu einem „reflektierten Handlungsbegriff“. Der über Reflexion erweiterte Handlungsbegriff wird selbst Teil des „persönlichen Konzeptes“. Dies hat Einfluss auf die fachliche Kompetenz und auf die Qualifizierung des spontanen Alltagshandelns (siehe Konzeptbegriff 5. „Handlungsorientierung“ als „Impuls-Symbol“).

Damit das kritische Hinterfragen der persönlichen Konzepte und Grundhaltungen gelingt, ist von folgenden Voraussetzungen auszugehen:

1. Vertrauen und Zutrauen, also einer bestimmten positiven Grundhaltung.
2. Der Sichtweise, dass das mitgebrachte „persönliche Konzept“ und die „naive Grundhaltung“ nichts Falsches und Schlechtes ist.
3. Einer bestimmten Methode des kritischen Vorgehens (Konzept „sich am Jugendlichen orientieren“).
4. Der Bereitschaft, sich kritisch verunsichern zu lassen (Grundhaltung).
5. Dem Vertrauen, dass es über den kurzfristigen Nachteil einer kritischen Verunsicherung zu einem längerfristigen Vorteil des persönlichen und sachlichen Zugewinns, also zu einem erweiterten Handlungsbegriff kommt (reflektierte Grundhaltung).

In den kollektiven Reflexionsprozessen nach dem Konzept „sich am Jugendlichen orientieren“, z.B. in „Kollegialer Beratung“, haben „persönliche Konzepte“ im Sinne der Ausgangslage bestimmende Funktion einerseits, werden andererseits im Ablauf eines Beratungsprozesses hinterfragt.

Konkretisierung am Beispiel eines Beratungsablaufes
Die Beratung (vgl. dazu auch die Kapitel Team als Methode und Kollegiale Beratung) fängt mit den „Ereignisschilderungen" an, sie können als „pseudokonkreter" Teil bezeichnet werden. In ihnen kommt an verschiedenen Stellen bereits „Wesentliches" zum Ausdruck. In den „Bedeutungsträgern" zeigt sich „Pseudokonkretes" und „Wesentliches" deutlicher. Dadurch wird das Gespräch inhaltlich strukturiert und vertieft.

Über die methodische Anweisung *„verbale Äußerungen"*, *„Verhaltensäußerungen"* und *„äußere Bedingungen" gleichwertig* und *gleichzeitig* zu beachten, können sich persönliche Haltungen relativieren. Hierbei spielen die „äußeren Bedingungen" eine wichtige Rolle.

In den *„Offenen Runden"* können die Beteiligten kritisch Stellung beziehen und persönliche Haltungen hinterfragen. Auch wenn die Betroffenen auswählen können, welche Argumente sie anerkennen und verwerten wollen, verändern sich in der Regel die ursprünglichen Positionen und persönlichen Haltungen.

Am Schluss können in der „Stimmigkeitsüberprüfung" noch vorhandene Widersprüche benannt werden.

Das Hinterfragen persönlicher Konzepte und Grundhaltungen bleibt aber ein heikler Punkt, mit dem vorsichtig umgegangen werden muss. Erschwerend dabei sind:

- Der Beziehungsaspekt unter den Beteiligten z.B. eines Teams oder einer Familie.
- Die „äußeren Bedingungen" erfordern Wissen über strukturelle Zusammenhänge, gesetzliche Grundlagen, Kostenregelung, sozialräumliche Bedingungen und lokalpolitische Verhältnisse, das oft nicht ausreichend vorhanden ist und erst erarbeitet werden muss.
- Machtpositionen, offizielle Entscheidungskompetenz (Vorgesetzte) oder inoffizielle Positionen (geheime Führungsposition).
- Hinterfragen und sich hinterfragen lassen erfordert bei den Beteiligten selbst wieder eine engagierte, mutige Grundhaltung.

Für das Einbeziehen von Grundhaltungen in Reflexionsprozesse werden daher folgende Handlungsorientierungen empfohlen:

Handlungsorientierung: „Grundhaltung"

- Benutze eine „Offene Runde", um „Grundhaltung" anzusprechen.
- Wähle dazu einen späten Zeitpunkt im Beratungsprozess.
- Formuliere deine Vermutungen als Annahmen.
- Beachte die äußeren Bedingungen, sie tragen zur Versachlichung bei.
- Beziehe diese Annahme zur „Grundhaltung" nur auf das bearbeitete Thema.
- Mache keine Annahmen über die ganze Person, zu deren „persönlichem Konzept" (Generalisierung).
- Für den zu Beratenden muss die Möglichkeit bleiben: „In Bezug auf dieses Thema habe ich diese Grundhaltung, bin ich so, aber sonst bin ich ganz anders."

3. Erkenntnisgewinnung

3.1 Kritik der Diagnostik[6]

Der „diagnostische Anspruch“ steht im Zusammenhang mit der Professionalisierung, Spezialisierung und Therapeutisierung der Jugendhilfe. Der Diagnosebegriff, obgleich schon früh durch Alice Salomon in die deutsche sozialpädagogische Tradition übernommen, ist aus dem psychologischen, psychiatrisch-medizinischen Bereich übernommen. „Diagnostik“ will Symptome, Erscheinungsformen und Verhaltensweisen auf ursächliche Zusammenhänge und Strukturen zurückzuführen. Es geht um das Verstehen, vor allem jedoch um das Erklären von Verhalten.

Daraus sollen Entscheidungen für das weitere Vorgehen der „Behandlung“ folgen. Dazu gehört auch die Prognose, die in Aussicht stellt, dass sich über ein entsprechend fachliches Vorgehen ein als problematisch angesehenes Verhalten zugunsten eines Besseren verändern wird. Zumeist erweisen sich jedoch Diagnosen und daraus abgeleitete Behandlungspläne allerdings eher als Beschwörungsformeln mit geringem Vorhersagewert und als Wunschvorstellungen, dass sich die so prognostizierte Veränderung hoffentlich doch einstellen möge. Bei den realen Entwicklungsverläufen zeigt sich oft wenig Übereinstimmung.

6 Obgleich gerade im Bereich der sozialpäd. Diagnostik in den letzten Jahren erhebliche Anstrengungen zu einer Weiterentwicklung und Verbesserung unternommen worden sind (s. Lit.-Verzeichnis), habe ich dieses Kapitel, das seinerzeit in Auseinandersetzung mit den in Niedersachsen geforderten „Sozialpsychologischen Diagnosen“ entstanden ist, weitgehend unbearbeitet in diese Fassung übernommen, um den Grunddissens zwischen einem auf Diagnostik basierendem Vorgehen und einem Vorgehen der Verständigung (an Zentralorientierungen) deutlich kenntlich werden zu lassen – eventuelle Überspitzungen eingeschlossen.

Es stellt sich die Frage, welche Funktion „Diagnostik“ in der Jugendhilfe erfüllt, ob die hier demonstrierte professionelle Fachlichkeit unter den gegebenen Bedingungen überhaupt einzulösen und ob der Anspruch an „diagnostisch ursächlichen Erklärungen“ für die Umsetzung von Hilfe nicht sogar hinderlich ist?

Warum-Fragen

Diagnostische Erkenntnis-Prozesse fragen im Grunde immer nach dem Warum: Warum vermeidet ein Kind den Kontakt mit den anderen? Warum verweigert es die Schule? Warum stiehlt es zu Hause und woanders und verteilt die gestohlenen Dinge an andere Kinder? Warum lassen sich Jugendliche „gehen“ und „hängen“, haben keine Lust, „Lebensziele“ anzustreben? Warum wollen sie sich nicht „integrieren“ lassen? Was treibt sie an, wenn sie sich gegenüber anderen oder gegen sich selbst aggressiv verhalten?

Eltern (und professionelle PädagogInnen) möchten „pädagogisch richtig“ erziehen. Sie wollen das, was in ihren Kindern vorgeht, verstehen, um entsprechend darauf eingehen zu können. Das ist nicht nur ein Vorteil, sondern auch eine Verunsicherung sowohl für die Eltern als auch für die Kinder. Die Verunsicherung ist dann besonders groß, wenn man sich bestimmte kindliche Verhaltensweisen „einfach nicht erklären kann“. In den schon zu allgemeinen Redensart gewordenen Fragen wie „Kannst du mir bitte erklären, warum du dies gemacht hast?“ oder „Wenn ich doch nur wenigstens verstehen könnte, warum du das getan hast?“ kommt das Bedürfnis nach Erklärung, aber auch Hilflosigkeit zum Ausdruck. Allerdings enthalten solche Fragen nicht nur den Wunsch nach Verstehen, sondern eher Kritik und Missbilligung.

Solche, in den Absichten des „Verstehens“ und „Erklärens“ enthaltenen Aspekte, sind auch für die professionelle Diagnostik von Bedeutung. Es ist dabei zu unterscheiden, wer hier, zu welchem Zweck, etwas verstehen will. Die Versuche der Betreuer, Kinder und Jugendliche zu verstehen, müssen nicht damit identisch sein, dass sich die Minderjährigen verstanden fühlen. Es kann ausschließlich das Anliegen der Erwachsenen sein, um sich selbst oder Dritten (Behörden, Vorgesetzten, Kollegen) etwas zu erklären.

Die Betroffenen sind meist diesbezüglich sehr sensibel. Sie erkennen, ob jemand versucht, sie um ihrer selbst willen zu verstehen oder ob eigene Interessen, um sich z.B. gegenüber anderen zu rechtfertigen, maßgeblich sind. Sie spüren, ob ihnen auf diese Weise Schuld zugeschoben und ihr Verhalten kritisiert werden soll.

Aber auch, wenn das Bemühen des Erklärens aufrichtig gemeint ist, sind Fragen nach dem „Warum" nicht besonders hilfreich. Die Betroffenen sind überfordert mit dieser Frage. Sie wissen nicht, warum sie so und nicht anders gehandelt haben, sie können es sich nicht erklären.

In Supervisions- und Beratungsgesprächen zeigt sich immer wieder, dass Warum-Fragen Gespräche erschweren, dass die Betroffenen keine richtige Antwort finden, blockieren, „dicht machen" und dass das Gespräch dadurch ins Stocken gerät.

„Warum-Fragen" richten sich an den Verstand. Der jedoch war möglicherweise am wenigsten beteiligt bei den zu erklärenden Situationen. Die Vorgänge sind meist sehr vielschichtig und komplex. Das Verhalten ist zudem durch verschiedene Faktoren, auch unbewusster Art, bestimmt. Hier entsteht an solchen Punkten dann die Verbindung zur professionellen Diagnostik. Wenn Eltern z.B. nicht mehr weiter wissen, sich das Verhalten ihrer Kinder nicht mehr erklären können, hoffen sie auf die Experten. Auch professionelle Betreuer wenden sich in solchen Situationen häufig an die nächst höhere „Instanz" (Psychologen, Psychiater, Ärzte). Dadurch muss es jedoch nicht besser werden. Im Gegenteil:

Durch die professionelle Verdichtung verschärft sich eher noch das Missverhältnis zwischen „erklären wollen" und „sich verstanden fühlen". Was muss wohl in den Kindern vorgehen, wenn ihre Person, ihr Verhalten von Profis und Experten analysiert, eingeschätzt und begutachtet wird, wenn sie immer wieder in den Mittelpunkt des diagnostischen Rätselratens geraten oder gar zu „Beobachtung und weiteren diagnostischen und prognostischen Abklärung" in Psychiatrien eingewiesen werden.

Interessenlagen

Erwachsene mögen von sich aus bei entsprechendem Leidensdruck bereit sein, professionelle Hilfe aufzusuchen und dabei auch Interesse an ursächlichen Erkenntnissen über sich entwickeln. Aber selbst bei solchen freiwillig wahrgenommenen Hilfen ist mit „Widerstand" und „Abwehr" zu rechnen.

Sicher jedoch ist – das muss hier so deutlich festgestellt werden –, dass Kinder und Jugendliche, wie wir sie in der Jugendhilfe kennen lernen, an solchen Erkenntnisprozeduren in der Regel keinerlei Interesse haben. Sie sind äußerst misstrauisch gegenüber Psychologen und reagieren aggressiv gegenüber Behördenvertretern oder Erziehern, die es nicht lassen können, ihnen ihre Persönlichkeit und ihr Verhalten zu erklären. Es ist fast schon unverschämt, wenn ihnen auch diese Reaktion wieder diagnostisch als „Therapieresistenz", als mangelnde Bereitschaft zur selbstkritischen Auseinandersetzung, also als Unfähigkeit, ausgelegt wird[7].

Nach der hier dargestellten Sichtweise verfolgt der diagnostische Prozess zwei verschiedene Interessen: einmal „Verstehen" im Sinne der Betroffenen. Sie können dabei nachvollziehen und begreifen, was bei ihnen vorgegangen ist. Ein anderes Interesse besteht beim „Erklären", soweit die Vorgänge für andere nachvollziehbar sein sollen, z.B. als Begründung einer Heimunterbringung. Das eine ist Erkenntnisgewinnung *für* die Jugendlichen, das andere *über* sie. Die beiden Interessens-Aspekte sollen hier kurz mit den Begriffen *Verstehen* und *Erklären* unterschieden werden.

Das Verstehen

In einem Beratungsgespräch hat Verstehen zwei Aspekte:

- Ich möchte einen anderen Menschen verstehen.
- Der andere fühlt sich verstanden.

---

7 Selbst in kritischen Situationen, z.B. bei einem Termin vor Gericht, wo Jugendliche von sich aus zur Entlastung eine klärende Stellungnahme wünschen, kann dies nachträglich zu Irritierungen führen, wenn sie erleben, wie ihre familiären Verhältnisse und ihr persönlicher Werdegang im spezifischen Fachjargon aufgerollt werden.

Diese Aspekte müssen nicht deckungsgleich sein. Durch die Anwendung der Methoden aus dem Konzept „sich am Jugendlichen orientieren", wie z.B. aktives Zuhören, auf „Ich-Äußerungen" achten, konkretisierendes Nachfragen, auf „Bedeutungsträger" achten und „offen lassen als Methode" geraten die Betroffenen in intensive Selbstreflexionen. Es kann sein, dass sie dabei Zusammenhänge von sich verstehen, bevor ich als Gesprächspartner verstanden habe, um was es genau geht. Es kann sogar die Äußerung kommen: „Ich fühl mich von dir gut verstanden", obwohl ich gar nichts verstanden habe. Das ist gut so, mehr ist ja nicht gewollt. Verstehen, im Sinne von sich selbst verstehen, wird so gleichzeitig zur Hilfe, zum „therapeutischen Ansatz". Erkenntnis ist von der Organisation der Hilfe nicht getrennt.

Das Erkennen kann durch die Anbindung an das „Begreifen" der Betroffenen selbst kein feststehender überdauernder Begriff mehr sein. Die Verantwortung für den Erkenntnisprozess bleibt so bei den Betroffenen, bei ihrem Denken und Begreifen. Der Erkenntnisbegriff ist dadurch nicht mehr als „diagnostische Kategorie" von Außenstehenden zu handhaben. Er ist an die Betroffen selbst gebunden.

Mein Interesse als Gesprächspartner, die Prozesse der Betroffen weitgehend verstehen zu wollen, ist sekundär, ja kann sogar hinderlich sein. Ich bin dabei mit mir beschäftigt und das kann die Aufmerksamkeit für die andere Person beeinträchtigen. Mein Interesse, verstehen zu wollen, kann zu der paradoxen Situation führen, dass der andere sich nicht verstanden fühlt.

Das Erklären

Erklären heißt Symptome und Verhaltenweisen in einen ursächlichen Zusammenhang mit einem „Erklärungsmuster" zu stellen: Aggressionen, Magersucht, Nägel kauen und Schule schwänzen. Um etwas besser erklären zu können, werden Beobachtungen gemacht, Tests durchgeführt, biographische und familiäre Daten gesammelt. Dass dies im komplexen Bereich der Jugendhilfe schwierig ist, wurde mehrmals erwähnt. Schwieriger ist es dann noch über Wenn-dann-Verknüpfungen Prognosen zu erstellen, z.B. Wenn Betreuung in einer geschlossenen Einrichtung ... dann beruhigt sich das Kind, findet zu sich selbst, verbessert sich das Sozialverhalten u.Ä.m. Wesentlich dabei ist, dass der Erkenntnisprozess von „außen" erfolgt als Expertenaussage/ Expertenfolgerung über die Betroffenen. Deren eigene subjektive Sichtweise wird zwar mit erhoben, kann aber durch andere Aussagen und „objektivere" Kriterien am Schluss in der psycho-sozialen Diagnose bis zur Unglaubwürdigkeit relativiert werden.

Der Erkenntnis-Begriff zielt auf ursächlich-strukturelle Merkmale. Dem haftet etwas feststehendes, konservativ Überdauerndes an. Das Herstellen kausal-erklärender Zusammenhänge bringt mit sich, dass die „Federführung" bei den Experten liegt. Sie wird in Verbindung mit der vorhandenen Entscheidungskompetenz zur Verfügungsgewalt und „Experten-Macht". Erklären ist hier nicht gleich Hilfe. Erkenntnisprozess und Umsetzen in Handeln sind zudem voneinander getrennt. Diese Trennung und die Art und Weise, wie die Erklärungen zustande kommen, erschweren die Umsetzungen in Hilfeprozessen. Wo die Erkenntnisse, unabhängig von der inneren Beteiligung der Betroffenen, ihrem Begreifen und ihrer Zustimmung entstehen, erhöht sich deren Misstrauen und reduziert die Bereitschaft, die daraus abgeleiteten (Be-)Handlungsvorschläge anzunehmen. Gerade weil die Erkenntnisgewinnung nicht auf die Anerkennung durch die Betroffenen angewiesen ist, wird sie anfällig für andere Interessen. Dazu ein Beispiel aus einem Bericht über ein 14-jähriges Mädchen:

> „Bereits als kleines Kind schien sie keine Trennungsängste zu haben. Dies zeigte sich bereits in den frühen Streifzügen, bei denen ihre Mutter sie suchen musste. Fraglich erscheint, inwieweit M. fähig ist, wirkliche Beziehungen aufzubauen, um Konflikten und Anforderungen standzuhalten."

Diese, unter der Überschrift „Prognose" gemachte Äußerung behauptet diagnostisch Folgendes: Dass das kleine Mädchen früher bei seinen Bewegungen in der Umgebung keine Angst vor Trennung hatte, sei ein Zeichen von mangelnder Beziehung und deshalb sei sie wohl heute nicht in der Lage, eine „wirkliche" Beziehung aufzubauen, wobei „wirkliche Beziehung" weitgehend mit „Konflikten und Anforderungen standhalten" gleichgesetzt wird. Nun könnte es aber durchaus auch umgekehrt sein, dass nämlich das Mädchen als kleines Kind so der Fürsorge der Mutter sicher war, dass es sich ohne Angst bewegen konnte. Dann wäre umgekehrt eine sehr gute Beziehung vorhanden gewesen, und sie müsste, zumindest von daher, sehr gut in der Lage sein, eine Beziehung einzugehen.

Die obige „diagnostische Äußerung" bringt diagnostisch im Sinne einer brauchbaren Erkenntnis also nichts. Sie hat aber – zieht man das Interesse der Betreuerin mit ein – eine bestimmte Funktion. Die Betreuerin hatte massive Schwierigkeiten mit der Jugendlichen und der Bericht wurde geschrieben mit dem Anliegen, das Mädchen in ein anderes Heim zu verlegen. Unter solchen Interessensgesichtspunkten könnte die Äußerung sagen wollen: Das Mädchen ist auf Grund ihrer frühkindliche Geschichte schuld, dass keine Beziehung entstanden ist. Sie nimmt die von der Betreuerin gestellten Anforderungen nicht an und hält die sich daraus ergebenden Konflikte nicht aus. Das Ganze wird dem Mädchen als Unfähigkeit, hier im Sinne eines Persönlichkeitsmerkmals, angelastet.

Diagnostische Erklärungen

Solche Interessen spielen eine große Rolle bei den „diagnostischen Erklärungen". Bei einer länger andauernden Beratung in einem Heim zeigte sich z.B., dass ein Betreuer mit einem Jugendlichen massive Konflikte hatte, die ihn sehr belasteten, verunsicherten und irritierten. Auch hier erfolgte zur Erklärung ein Rückgriff in die Kindheit des Jugendlichen. Die Beziehung zu seinem Vater wurde herangezogen. Es wurden immer wieder Ähnlichkeiten hervorgehoben, so dass zum Schluss die Schwierigkeiten im Heim zum Vater-Sohn-Konflikt wurden. Damit hat sich der Betreuer für seinen eigenen Anteil, der, wie sich herausstellte, der wesentliche Teil des Konfliktes war, diagnostisch seine eigene „Absolution" erteilt.

Solche Rückgriffe auf die jeweilige Sozialisationsgeschichte oder gar frühkindliche Entwicklungen bezeichnen ein gängiges Erklärungsmuster, und zwar nicht nur in der Jugendhilfe. Mit der Popularisierung psychologischen Wissens ist der Rückblick auf frühkindliche Entwicklungsvorgänge und familiäre Verhältnisse beliebt geworden. Dabei fällt auf, dass solche psychologisierenden Rückgriffe in den frühkindlichen Bereich Probleme gerne individualisieren und den Betroffenen (Kindern und Jugendlichen selbst oder aber deren Eltern, Familien, Umgebungen) schuldhaft „Versagen“ zuschreiben. Es ist solchen Berichten bereits schon in der Formulierung der „diagnostischen Äußerungen“ und der Art der individuellen Schuldzuschreibungen anzusehen, ob am Schluss eine Verlegung, eine Verlängerung der Maßnahme oder die Bereitstellung zusätzlicher Mittel empfohlen wird: „Hinzu kommt noch die schwere psychische Symptomatik des Mädchens..., daraus ergibt sich eine sehr schwere Störung der Gesamtpersönlichkeit, die es z.B. nicht erlaubt, sich selbständig in der Welt zurechtzufinden. Müsste dieses Mädchen mit Erreichung der Altersgrenze zurück zu seiner Mutter, so wäre eine Dauerunterbringung absehbar. Das häusliche pathologische Milieu und B’s schwere psychische Störung lassen diesen Schluss zu.“

Dem erfahrenen Praktiker wird sofort klar, dass dieser Antrag auf eine Weiterbewilligung der Maßnahme hinausläuft. So heißt es dann auch weiter: „B. fällt damit unter den Bereich der bereits eingetretenen seelischen Behinderung, die einer weiteren gezielten Maßnahme bedarf.“

„Interessengeleitete Diagnostik“

Im vorstehenden Beispiel ging es um die Weiterführung einer Maßnahme auf einer anderen rechtlichen Grundlage. Die Begründung ist möglicherweise sogar gut gemeint und will Hilfe sichern. Trotzdem ist dies eine üble Form von Diagnostik zur Krankschreibung von Kindern. Das Mädchen B. hat es dennoch geschafft, „sich selbständig in der Welt zurechtzufinden“.

Deutlich wird aber hier, dass selbst die Rechtsgrundlagen einer Unterbringung, verbunden mit den zu sichernden Kosten, die diagnostische Einschätzung beeinflussen. Eine solche „interessengeleitete“ Diagnostik brachte inzwischen den Trägern von Jugendhilfemaßnahmen den Ruf ein, „pädagogisch ließe sich alles begründen“. Da dies bekannt ist, stehen sich Jugendämter und Träger zunehmend oft mit wechselseitigem Misstrauen gegenüber. Die Behörden vermuten in den Stellungnahmen allzu schnell psychologisch zurechtgemachte Begründungen für zu leistende Kosten. Die Einrichtungen wittern Einsparungsmaßnahmen. Das „Lesen zwischen den Zeilen“ ist fast schon eine eigene Berufskompetenz geworden.

In „Diagnosen“ fließen auch Alltagsbeobachtungen und indirekte Informationen mit ein. Das bringt sie in den zwielichtigen Verdacht des „Schnüffelns“.

Eine aufgebrachte Mutter schildert z.B. den Vorgang, wie es zu der Heimunterbringung ihrer beiden Kinder kam, folgendermaßen (sinngemäß):

> „Das Jugendamt hätte sich angemeldet und ein junger Mann sei gekommen. Sie hätte sich darauf vorbereitet und aufgeräumt, Kuchen gekauft und Kaffee gemacht. Der junge Mann sei sehr nett gewesen. Sie hätte auch über Dinge reden können, die sie bisher mit niemandem besprechen konnte (über ihre Beziehung zu ihrem Mann, dessen Verhalten, Alkoholprobleme etc.).Der junge Mann fand gut, dass sie ihre Situation so offen darstellte und machte eine positive Bemerkung über ihre Wohnung und bedankte sich für Kaffee und Kuchen. Sie sei aus allen Wolken gefallen, als entschieden wurde, dass die Kinder von ihr wegkämen und dann noch so weit. Es ärgerte sie, dass alles, was sie ihm erzählt hatte, in einem Bericht stand, vor allen Dingen aber, dass ihre häusliche Situation als verwahrlost beschrieben wurde.“

Dass durch solches Vorgehen Skepsis und Misstrauen entsteht, ist verständlich.

Subjektive Erkenntnisinteressen

Eltern verfolgen oft eigene Interessen, die mit den Bedürfnissen ihrer Kinder nicht immer übereinstimmen und sich auch gegenüber denen des Jugendamtes unterscheiden. Dies erschwert eine objektivierende, diagnostische Erkenntnisgewinnung. Die Eltern wollen z.B. entweder ihr Kinder los werden oder umgekehrt trotz großer Schwierigkeiten nicht weggeben. Sie haben Schuldgefühle, tragen über die Kinder familiäre Differenzen aus oder verfolgen mit der Entscheidung über ihre Kinder finanzielle Interessen. Andererseits ist man bei der Exploration der frühkindlichen Ereignisse im Wesentlichen auf ihre Aussagen angewiesen. Diese können dann aber sehr interessengefärbt sein. Wenn eine Mutter, die ihren 11-jährigen Sohn nicht mehr zu Hause haben möchte, diesen als von Geburt an „arg quäkig“, unruhig und aggressiv schildert und sich diese Äußerungen in einer offiziellen Darstellung als „frühkindliche Unruhe“ und „frühkindliches Aggressionspotential“ wieder findet, so erscheint dies als sehr fragwürdig.

Dennoch sind die elterlichen Darstellungen noch am ehesten diejenigen, die bei der Erstellung von Diagnosen kritisch relativiert werden. Die subjektiven Anteile und Sichtweisen der anderen beteiligten Personen in den Einrichtungen kommen nicht zur Darstellung ebenso wenig die der Beteiligten in den Ämtern. Dabei spielen jedoch persönliche Einstellungen, Normen, Werte, politische und glaubensmäßige Ausrichtungen bei dem Beurteilungsvorgang eine wesentliche Rolle.

Entscheidungen, ob Jugendliche in ein kleines oder großes Heim, in gemischten oder geschlechtshomogenen Gruppen untergebracht werden sollen, ob ambulant betreut werden soll, ob Jugendliche in einer eigenen Wohnung leben können, eventuell zusammen mit Freund oder Freundin, welche Eigenständigkeit zugestanden wird, hängen jeweils sehr stark von normativen Werten und persönlichen Präferenzen der beteiligten (und entscheidenden!) Personen ab.

Die unterschiedlichen Interessenlagen beeinflussen die Erkenntnisgewinnung erheblich und erschweren, dass das eigentliche Interesse – nämlich das „Wohl des Kindes“ – in den Mittelpunkt rückt.

Theoriebezug

Ursächliche Erklärungen konkreter Ereignisse, Verhaltensweisen und Zusammenhänge können nur mit Hilfe von Theorien über menschliches Verhalten erfolgen. Ohne diesen Rückgriff auf Theorie sind ursächlich klärende Äußerungen nicht möglich. Der theoretische Stand und die Theorievermittlung in der Jugendhilfe sind – auch jenseits des vielfach zitierten „Technologiedefizits“ der Erziehung (Luhmann) – allerdings äußerst brüchig und fragwürdig. Stressige Alltagsanforderungen und Haltungszwänge, aber auch persönliche Einstellungen und Grundhaltungen reduzieren Theoriearbeit in der Praxis teilweise hin bis zu Theoriefeindlichkeit. Der Theoriebezug beschränkt sich nicht selten auf die „Anwendung" popularisierter Standardbegriffe verschiedener psychologischer Theorien, vor allem aus der Psychoanalyse. Sie gehören heute fast schon zum Alltagsrepertoire, wie z.B.: Aggressionspotential, psychische Labilität, Beziehungsstörung, mangelndes Selbstwertgefühl, Bindungslosigkeit, Frustrationstoleranz, Persönlichkeitsstörung, Ich-Schwäche und einige wenige mehr. Vermittels der Kombination solcher Begriffe lassen sich „diagnostisch" ganze Lebensläufe abdecken. Durch ihre Allgemeinheit und Popularität erscheinen sie sehr plausibel und erregen wenig Widerspruch.

Aber ohne ausreichende Kenntnis der dahinterstehenden theoretischen Erklärungsmodelle, aber auch ohne das Nachvollziehen der damit verbundenen sinnlichen Erlebnisse, werden solche Kategorien zu leeren Begriffshülsen und oberflächlichen Etiketten. Da, wo es an anerkannter Theorie mangelt und wo ein bewusster theoretischer Bezug fehlt, setzen sich dann subjektive *geheime Theorien* oder private Deutungsmuster durch. Subjektive *geheime* Theorien entstehen aus persönlichen Einstellungen, Normen und Werthaltungen. Sie sind bestimmt durch die eigene Geschichte und zudem beeinflusst über die unterschiedlichen Interessenslagen. Durch die Einflechtung gängiger Standardbegriffe in eine jargonartige Sprache wird der Schein objektiver Fachlichkeit demonstriert.

Das Faszinierendste in diesem Zusammenhang ist die Verwendung des Begriffes „Pubertät". Es ist die allgemeinste Form einer individualisierenden Problemzuschreibung. Mit großer Selbstverständlichkeit erklären sich Eltern Probleme und Konflikte mit ihren Kindern ganz einfach mit der „Pubertät", die in einer bestimmten Altersspanne erscheint und dann wieder verschwindet. Wenn überhaupt, gibt es Pubertätsprobleme bei den Eltern nicht bei den Kindern. Kinder erleben bei sich in diesem Altersbereich viele Veränderungen und Entwicklungsvorgänge, körperlich und psychisch. Die Eltern bleiben wie sie sind. Konflikte entstehen, weil sie zu wenig flexibel und sensibel sind, die Entwicklungen ihrer Kinder nachzuvollziehen und ihnen mit normativen Vorgaben begegnen.

Wo Diagnosen zur üblen Nachrede werden

Hier soll noch mal näher auf den Gebrauch diagnostischer Kategorien im Alltag der Fachkräfte eingegangen werden. Es fällt auf, dass schon bei den Anamnesen selten zu erkennen ist, wie man zu den Informationen gekommen ist, z.B. wie viele Gespräche, von wem, in welcher Art geführt wurden, welche anderen Informationen von Dritten mit eingegangen sind. Es wird oft sofort in die Beschreibung und in die Beurteilung eingestiegen; allenfalls wird mitgeteilt, die Familie S. sei dem Unterzeichner X bekannt. Besonders auffällig ist, dass dort wo der Unterzeichner wirklich nur Ereignisse und Sachverhalte beschreiben will, bereits eine ursächlich zusammenziehende Sprache verwendet wird und immer wieder Werturteile zum Ausdruck kommen: So heißt es unter dem Punkt Problembeschreibung, *„K. entzieht sich der Einflussnahme durch seine Mutter und löst die Konflikte mit ihr pubertär*". Aber was bitte ist eine pubertäre Konfliktlösung?

Und ein weiteres Beispiel:

„Inzwischen geht S. so weit, dass er in kontroversen Diskussionen mit seinem Vater seinen Anspruch, z.B. auf Entfaltung der Persönlichkeit aus dem Grundgesetz ableitet". Dies wird dem Jugendlichen im Kontext der Darstellung negativ angelastet.

Am Schluss steht folgende prognostische Äußerung: „Z. bedarf nach wie vor der Führung und Leitung sowie Normengebung. Dies kann jedoch nur in einem emotional angst- und belastungsfreien Raum erfolgen" (wie soll das konkret geschehen?).

> „Dass Z. sich durch Wegfall von Normen und Kompetenz mehr und mehr isoliert und im Ansatz durchaus erkennbare soziale Verhaltensweisen verlernt. Er bedarf bei der Konfliktbewältigung seines Lebens geduldige Anteilnahme und Zuwendung, die ihn einerseits nicht narzisstisch kränken und andererseits aber auch deutlich machen, dass er seine bisherige Lebenskarriere zumindest während des Verlaufs der Pubertät nicht so vollenden kann, wie er dies beabsichtigt. Da er emotional gut ansprechbar ist, ist Z. durchaus in der Lage, sich in einer Familie zurechtzufinden … kann

man von Z. auch verlangen, auch unliebsam belastende Situationen zu ertragen, deren Sinn nicht sofort verstanden wird."

„Ebenfalls als erzieherisch sinnvoll erscheint eine Unterbringung in einer Jugendwohngemeinschaft (hier als Alternative zur Pflegefamilie) zu sein, wo er sich den Gruppennormen beugen muss. Dass dies möglichst nondirektiv vorgehen soll, halte ich für selbstverständlich..."

Die Verquickung wichtiger Informationen mit persönlichen Sichtweisen und Werturteilen ist verwirrend. Selten werden Stärken herausgearbeitet. Die Darstellungen enthalten sowohl offen und direkt wie auch subtil (durch die Ausdrucksweise) Negativ-Färbungen und Zuschreibungen.

Bei dem Mädchen B. wird die Beziehungsfähigkeit in Frage gestellt mit folgender Argumentation: „B.'s Beziehungsfähigkeit ist nach wie vor ein großes Problem. Beziehungen, die sie eingeht, sind sehr funktional. Beispielsweise gibt sie sich lieber mit Männern über 20 Jahren ab als mit Jungen ihres Alters. In der Regel verfügen die Männer über mehr Geld und besitzen ein Auto."

Wieso lässt sich von daher die Beziehungsfähigkeit des Mädchens problematisieren? Wieso soll ein Mädchen mit 17 Jahren mit Gleichaltrigen zusammen sein? Dass Mädchen in diesem Alter eher mit älteren Jungen zusammen sind, entspricht wahrscheinlich eher üblicher Praxis. Aber wieso kommt der Verfasser dieser Zeilen dazu, eine Altersgruppe gegenüber der anderen hervorzuheben? Was soll mit dem Satz, dass die Männer über mehr Geld verfügen und ein Auto besitzen, eigentlich ausgesagt werden? Diese Information ist eigentlich nichtssagend, es sei denn, man hängt hier Spekulationen – z.B. über prostitutives Verhalten des Mädchens – an, aber das kann nicht Sinn einer Diagnose sein.

Weiter geht es: „Um ihre Chancen zu erhöhen, macht sich B. selbst etwas älter zurecht. Die Konkurrenz in den Discos scheint groß zu sein." Dies ist nun keine Diagnose, sondern reiner Klatsch, mit einem unzulässigen Seitenhieb. „Es solle keiner merken, dass sie aus dem Heim kommt". Dies erscheint mir bei dem Ruf der Heimerziehung vernünftig, aber was soll dies unter dem Thema, dass die Beziehungsfähigkeit ein großes Problem sei?

„B. sagt, dass sie zurzeit keine feste Beziehung habe und nicht wolle. Meist gebe es nur Ärger und sie würde in ihren Freiheiten eingeschränkt." Auch dies ist eine sehr vernünftige Äußerung für eine 17-Jährige. Der Verfasser lastet es ihr als Beziehungsunfähigkeit an. Es scheint nach seiner Wertvorstellung erwünschter zu sein, in diesem Alter eine feste Beziehung zu haben. Aus diesen Äußerungen, und mehr gibt es dazu nicht, ist nicht nachzuvollziehen, wieso für das Mädchen B. die Beziehungsfähigkeit ein großes Problem ist.

Diese Art des Vorgehens fällt in fast allen Ausführungen mit diagnostischen Anspruch auf. Es wird ein diagnostisches beurteilendes Statement abgegeben, dem man dann ein paar Alltagsereignisse zuordnet, die teilweise inhaltlich gar nicht im Zusammenhang stehen, wie z.B. oben, dass sich das Mädchen etwas älter zurecht macht oder dass sie Freunde hat, die älter sind als sie. Das hat mit der Fähigkeit zu Beziehungen überhaupt nichts zu tun.

Noch skandalöser und für alle Beteiligten schwieriger wird es, wenn noch sog. gutachterliche Stellungnahmen von Spezialisten hinzugenommen werden. Die Barriere hier zu hinterfragen, ist noch etwas größer.

Dazu ein Beispiel:

Dr. med. x, Arzt für Psychiatrie, Psychotherapie und Psychoanalyse, macht über einen 17-jährigen Jungen, den er nur einmal in einem Gesprächskontakt kennen gelernt hat, folgende tief schürfende Aussagen: „Es handelt sich um eine ausgeprägte, narzisstische Persönlichkeitsstörung. Aufgrund seiner strukturellen Defizite ist D. bislang nicht im Stande gewesen, in einem konventionellen schulischen Rahmen zurechtzukommen". Zu der „ausgeprägten narzisstischen Persönlichkeitsstörung" kommt der Arzt durch die Tatsache, dass der Junge s. z. von der Grundschule ins Gymnasium gewechselt ist und dort nicht mehr wie in der Grundschule Klassenbester war. „Diese Kränkung muss sich nachhaltig ausgewirkt haben".

Aber was soll nun der Betreuer mit der „ausgeprägten narzisstischen Persönlichkeitsstörung“ anfangen? Viel hilfreicher wäre es zu erfahren, was eigentlich in dem Schulbereich abgelaufen ist. Damit könnten wir mehr anfangen. Dass Kinder und Jugendliche bei Schulwechseln auch Schwierigkeiten haben, ist uns zur Genüge bekannt und wir können damit umgehen.

Die „strukturellen Defizite“ werden nicht begründet und hergeleitet. Die setzt der Herr Doktor Kraft seiner Fachautorität. Man kann sich vielleicht auch vorstellen, wie dem Jungen in der Untersuchungssituation vielleicht zumute gewesen sein könnte. Der Arzt für Psychiatrie, Psychotherapie und Psychoanalyse beschreibt aus seiner Sicht so: „In der Untersuchungssituation gibt sich der 17-jährige junge Mann überlegen, etwas überlässig, ständig lächelnd, mit zynischer Note“.

Vielleicht war dies der einzige Weg für den Jungen, die Sache durchzustehen. Der Arzt jedoch langt hier, diagnostisch gesehen, äußerst subtil zu: „Der Denk- und Sprachstil hat etwas telegrammhaftes, zuweilen assoziativ wirkendes, wobei *ich* nicht von einer schizophrenen Denkstörung ausgehe, sondern eher von der grandiosen Vorstellung, dass er sich nicht die Mühe machen brauche, es den anderen leicht zu machen mit seinem Sprechen.“

Dies ist eine sehr infame Art der Darstellung. Der Arzt diagnostiziert nicht Schizophrenie, aber durch die Erwähnung muss er zumindest einmal daran gedacht haben und wenn ein so kompetenter Herr schon so weit geht, dass er es gedanklich in Erwägung zieht, könnte etwas dran sein. Dies ist gefährlich, denn die Betreuer laufen Gefahr, dass sie sich von solchen Annahmen dann nicht frei halten können. So gesehen ist obige „Diagnose“ wirklich die subtilste Art einer Stigmatisierung.

Mit den Beispielen sollte aufgezeigt werden, welche Auswirkungen Diagnostik im alltäglichen Handeln haben kann. Es entsteht ein Gemisch von konkreten Informationen, Halbwahrheiten, Schildern von Ereignissen, eigenen Bewertungen und fachpsychologischen Begrifflichkeiten mit selbst gebastelten diagnostischen Schlussfolgerungen. Es ist mehr üble Nachrede als fundiertes Wissen. Es wirkt stigmatisierend und trägt zum herrschaftsförmigen Handeln bei.

Auf psychosoziale Diagnosen als verbindliche Grundlage wird inzwischen verzichtet. Es wurden im vorangegangen Kapitel trotzdem Beispiele aus dieser Zeit ausgewählt, weil sie eindrucksvoll dokumentieren, was unter dieser Begrifflichkeit alles praktiziert wurde. Jetzt gibt es über Hilfeplanverfahren und Beteiligungsvorschriften andere Möglichkeiten. Die Frage aber bleibt, ob diagnostisches Denken mit den dargestellten Implikationen damit aus der Welt geschafft ist?

Diagnostik und Hilfeplan

Im Hilfeplanverfahren (entsprechend § 36 SGB VIII) ist die Beteiligung der Betroffenen verbindlich geregelt. Damit sind bessere Möglichkeiten gegeben, gemeinsam Betreuungsziele auszuhandeln. An manchen Orten gelingt dies auch recht gut. Diagnostisches Denken im oben beschriebenen Sinne findet aber weiterhin statt. Die zuständigen Fachkräfte bemühen sich mit den Betroffenen Bedürfnisse herauszufinden, Bedarfe zu erheben und zu Maßnahmen zu kommen. In den Erziehungshilfekonferenzen, in denen die Betroffenen nicht dabei sind, können diese wieder relativiert. Hier können dann auch „Experten“, z.B. Vertreter von freien Trägern, hinzugezogen werden.

Die Arrangements im Hilfeplanverfahren sind oft von der Zahl und der Zusammensetzung der Beteiligten oder von der gewählten Örtlichkeit so ungünstig, dass vor allem Kinder wenig Chance haben, ihren Willen zu äußern. Fachkräfte weigern sich zu dem die Willensäußerung der Betroffen in wörtlicher Rede in den Hilfeplan aufzunehmen. Sie meinen, sie könnten nicht adäquat zum Ausdruck bringen, was sie wirklich wollten.

Es werden oftmals weiterhin Defizite aufgelistet und nicht Stärken herausgearbeitet. Beispiel aus einem aktuellen Hilfeplan eines 15-jährigen Jungen:

- Kann keine Eigenverantwortung übernehmen.
- Erzielt Aufmerksamkeit durch aggressives Verhalten.
- Ist nicht in der Lage zu zuhören.

- Er wird nicht in der Lage sein, einen Schulabschluss zu erreichen.
- Er wird nicht in der Lage sein, eine Berufsausbildung durchzustehen.
- Bringt die Mutter psychisch an die Grenze.

Diese Defizitliste setzt sich in diesem Beispiel fort mit insgesamt 31 Äußerungen dieser Art. Dem stehen nur 2 Äußerungen entgegen, die Stärken nennen. Unter dem Begriff „Ziele" werden dann einige dieser Defizite einfach zum Ziel umgewandelt:

Aus *„bringt die Mutter psychisch an die Grenze"* wird dann *„soll Mutter als Mensch akzeptieren"*. Diagnostisches/prognostisches Denken setzt sich auch fort in Äußerungen wie „kann keine Eigenverantwortung übernehmen" oder „wird nicht in der Lage sein eine Berufsausbildung durchzustehen" o.Ä.

Trotzdem bietet das Hilfeplanverfahren gute „äußere Bedingungen" für ein subjektorientiertes Vorgehen, wenn eine entsprechende Grundhaltung und ein qualifiziertes methodisches Vorgehen gesichert sind.

3.2 Zentralorientierungen der Erkenntnis und des Handelns

Diagnostik sucht nach ursächlichen Zusammenhängen. Dies ist in der Jugendhilfe schwierig. Die Ereignisse sind komplex und die Gefahr pauschaler Feststellungen (psycho-soziales Syndrom, milieubedingtes Syndrom, frühkindliche Traumatisierung) deshalb groß. Und welche Handlungen folgen daraus? Können die traumatischen Ereignisse aus der Kindheit wirklich im Rahmen der Jugendhilfe aufgearbeitet werden?

Mit dem Begriff der „Zentralorientierung" wird auf Diagnostik verzichtet. Die Frage nach ursächlichen Zusammenhängen, nach dem Warum ist unwichtig. Wesentlicher sind die Fragen nach dem Wie, Wohin und zu welchem Zweck. Das Wie zielt auf eine Beschreibung der Gegenwart.

Beispiel:

Du hast dich heute in dem Betrieb x vorgestellt, wie ist das abgelaufen? Wie hast du dich dargestellt, wie waren die Reaktionen, wie hast du dich gefühlt, wie geht es dir jetzt?

Wohin, zu welchem Zweck richten sich auf Ziel und Zukunft.

Beispiel:

Du hast dich umentschieden, willst du keine Lehre machen, doch lieber deine schulische Ausbildung fortsetzen. Was willst du damit für dich erreichen, welches Ziel verbindet sich damit?

Der Begriff „Zentralorientierung“ ist also ein funktional beschreibender Begriff, der sich darauf bezieht, was hier und jetzt abläuft und was in Zukunft sein soll. Das „Wühlen“ im Ursächlichen und Vergangenen wird vermieden. Um hier aber gleich einem Missverständnis vorzubeugen: Das heißt nicht, dass Vergangenes, die Biographie unwichtig ist. Aber ich als Betreuer und Berater vermeide es, die Darstellungen des Jugendlichen aus meinem Wissen über seine Vergangenheit ursächlich zu interpretieren. Wenn der Jugendliche selbst Erlebnisse aus seiner Vergangenheit schildert, dann werde ich natürlich darauf eingehen. Also: Nicht ich hole das Vergangene her, sondern der Jugendliche selbst, und zwar in der Weise, wie es ihm hier und jetzt in den Sinn kommt, wie es jetzt für ihn von Bedeutung ist. Meine Interpretationen würden den inneren Dialog des Jugendlichen stören.

Zum besseren Verständnis möchte ich im Folgenden unterscheiden zwischen

a) Zentralorientierung der Erkenntnis und

b) Zentralorientierung des Handelns.

Dazu: Eine „Orientierung“ ist keine absolute Festlegung. Es ist keine diagnostische Kategorie. Der Orientierungs-Begriff ist offener, lässt Dialoge und Aushandeln mit Betroffenen und im Team zu. Er entspricht besser dem Betreuungsalltag, der komplex und vieldeutig ist und in dem es nicht eine einzige richtige Sichtweise, ein richtiges Vorgehen, sondern u.U. mehrere ‚richtige’ bzw. angemessene Sichtweisen und praktikable Vorgehensweisen gibt. Eine „Orientierung" entsteht aus der Reflexion von Erfahrungen und soll handlungsleitend sein. Sie hilft uns zu wissen, was wir – warum – tun (vgl. Klatetzki 1993).

„Zentral" heißt Bündelung auf das Wesentliche. „Wesentlich" ist das, was für die Betroffenen besonders wichtig ist. Zentralorientierungen sind eine inhaltlich komprimierte Reduzierung der vielfältigen Erfahrungen aus dem Alltag.

Angenommen wird, dass Menschen nicht beliebig viele Probleme nebeneinander haben, sondern, dass einige davon bestimmender sind als andere. Diese Zentralorientierungen müssen keine langfristig überdauernde Merkmale sein, sondern können auch von aktueller kurzfristiger Bedeutung sein. Aus der a) „Zentralorientierung der Erkenntnis" folgt die b) „Zentralorientierung des Handelns".

Handlungsorientierungen sind auf Umsetzung gerichtet. Konkret ist anzugeben, was wann wie zu tun ist. Handlungsorientierungen sind Leitlinien für das Handeln in der Praxis (ausführlicher siehe unter „Erkenntnis und Handeln). Zu solchen Handlungsorientierungen gelangt man jedoch nicht ‚einfach so', sondern es bedarf der Berücksichtigung bestimmter Grundvoraussetzungen, wie z.B.:

Innere Suchhaltung

Es bedarf einer „suchenden Einstellung", um Zusammenhänge aufzudecken, Annahmen zu bilden, aufmerksam hin zu schauen, zu fragen und Zentralorientierungen zu formulieren. Diese innere Suchhaltung ist eine sehr persönliche Dimension und schwer überprüfbar. Es ist nie ganz klar, ob die Personen ausreichend innerlich beteiligt waren und alle Möglichkeiten durchgegangen sind, also „gesucht" oder die Zentralorientierungen mit innerer Minimalbeteiligung gebildet haben. Die innere Suchhaltung ist vielleicht die wichtigste Voraussetzung, um kreative Lösungen zu finden, wenngleich nicht die Einzige.

Beachtung der Bedeutungsträger

In jedem Gespräch lässt sich feststellen, dass bestimmte Themen und Aussagen einen höheren „Bedeutungsgehalt" haben als andere. Wir nennen diese Themen *„Bedeutungsträger"*. Die Bedeutungsträger bekommen ihre Bedeutung durch ihre Beziehung zu einem subjektiven Anliegen im Sinne einer stärkeren persönlichen Betroffenheit. Diese persönliche Bedeutung bestimmt das Ausdrucksverhalten. Sie ergeben sich:

- Direkt über verbale Benennung: „Ein Schulabschluss ist für mich besonders wichtig."
- Verhalten: körperliche Bewegungen, Mimik, Gestik, Pausen, Lachen etc.
- Verwendung ausdrucksstarker Äußerungen.[8]
- Gesamtverhalten über eine längere Zeit.

Über Bedeutungsträger lässt sich ein Gespräch vertiefen und auf zentrale Punkte eingrenzen. Sie führen zu einer inhaltlichen Strukturierung im Gespräch. Das Erkennen von Bedeutungsträgern bedarf ausreichender Übung; Bedeutungsträger sind immer vorläufiger Art und dürfen den Personen nicht als Merkmale oder Eigenschaften zugeschrieben werden.

Echtheit

In den Psychotherapien heißt Echtheit, dass der Therapeut sein eigenes Selbst nicht vollkommen außer Acht lassen kann und soll. Es ist auch im Sinne der Glaubhaftigkeit für den anderen wichtig, authentisch zu bleiben. Im Umgang mit den Jugendlichen im Rahmen der öffentlichen Erziehung gilt dies im Prinzip genauso. Es gelten aber andere Bedingungen. BetreuerInnen und Jugendliche sind einander im Alltag stärker ausgesetzt und ausgeliefert als Beteiligte in therapeutischen Settings. Die Jugendlichen können viel genauer und detaillierter wahrnehmen, ob das, was die Betreuer an Verständnis, Vertrauen und Akzeptanz signalisieren, tatsächlich echt ist. In

---

8 manchmal in besonderer sinnesspezifischer Qualität: das macht mich klein, ich blicke nicht durch, da klingelt's bei mir, es hakt aus, es geht mit mir durch etc.

den verschiedenartigen Alltagssituationen lässt sich dies gut ‚überprüfen'. Sie können auch wahrnehmen, ob es Unterschiede im professionellen und privaten Verhalten gibt. Diese geforderte Echtheit ist – wie gesagt – lebensnäher als in therapeutischen Settings.

Akzeptanz

Akzeptanz heißt, den Jugendlichen so zu ‚nehmen' wie er ist, in seinem „So-Sein", auch in seinem chaotischen So-Sein. Das Konzept „sich am Jugendlichen orientieren" beginnt mit dieser Akzeptanz. Diese Grundeinstellung sollen die Jugendlichen gleich beim ersten Kontakt spüren. Auch hier gibt es deutliche Unterschiede zu Therapien. Therapeuten können, zeitlich begrenzt auf eine Therapieeinheit, ihren Klienten eine sehr weitgehende, fast bedingungslose Akzeptanz entgegenbringen. Dann verabschieden sich Therapeut und Klient wieder. Akzeptanz ist hier eine reine Therapeutenvariable. Es ist ein Auftrag des Therapeuten an sich selbst, mit eigenen, vielleicht missliebigen Gefühlen, mit be- und verurteilenden Gedanken angemessen umzugehen. Dabei kann er – pointiert ausgedrückt – allenfalls mit sich selbst in Schwierigkeiten geraten.

Im Jugendhilfekontext kommen zur Notwendigkeit persönlich zwischenmenschlicher Akzeptanz noch die äußeren Bedingungen der Jugendhilfe hinzu. Die öffentliche Erziehung hat sich für die Jugendlichen nicht vorwiegend aus der Akzeptanz ihrer Person ergeben, sondern gerade umgekehrt, weil ein bestimmtes Verhalten von ihnen seitens unterschiedlicher Umwelten nicht mehr akzeptiert werden konnte. Nichtakzeptanz ist hier der Ausgangspunkt. Diese unerwünschten und nicht akzeptierten Verhaltensweisen sollen sich durch die Jugendhilfemaßnahmen abbauen, andere, positiv eingeschätzte, an ihre Stelle treten. So ungefähr liest es sich in den Hilfeplänen, so sind die Erwartungen derjenigen, die über Erziehungshilfemaßnahmen bzw. Unterbringungen in betreuten Wohnformen entscheiden.

Man kann Akzeptanz hier nicht alleine als subjektive Beziehung zwischen Betreuer und Jugendlichen sehen. Dies wäre naiv und gefährlich. Über die allzu persönliche Akzeptanz können die äußeren Bedingungen schnell aus dem Blickfeld geraten und kann die Realität verschleiert werden. Die äußeren Bedingungen der Jugendhilfe als Institution bestehen aber weiter in ihren Ansprüchen und Erwartungen und können plötzlich entscheidend werden.

Dazu ein kurzes Beispiel: Ein Jugendlicher, ca. 3 Monate in stationärer Betreuung, fühlt sich von den BetreuerInnen angenommen, verstanden und akzeptiert. Schwierig jedoch ist es für ihn, dass er zu weit von seinem Herkunftsbereich weg ist. Er würde doch lieber in der Nähe seines Heimatortes leben wollen. Er gerät immer wieder in Widersprüche zwischen bleiben und zurückgehen wollen. Er macht sich oft von sich aus auf den Weg und haut einfach ab. Der Betreuer nimmt diesen Widerspruch ernst, kann die Problematik nachvollziehen und verstehen Auf der persönlichen, zwischenmenschlichen Ebene des Miteinander-Umgehens realisiert sich „Akzeptanz" in angemessener Weise. Betreuer und Jugendlicher finden zusammen Lösungen.

Das Jugendamt, als Träger der Maßnahme und die Eltern (äußere Bedingungen) wurden in diesem Beispiel aber nicht rechtzeitig einbezogen. Das Jugendamt und auch die Eltern schließen sich den Vorschlägen, die Jugendlicher und BetreuerIn entwickelt haben, nicht an. Das Jugendamt hebt dann schließlich nach langem hin und her die Maßnahme auf.

Hier wurde von den Bedingungen her entschieden, die vorher nicht rechtzeitig und ausreichend einbezogen, über „Akzeptanz" eher noch verschleiert wurden. Dies ist das Gefährliche einer zu sehr auf das Subjektive eingegrenzten „Akzeptanz". Die Betreuer können also nicht „bedingungslos" akzeptieren. Verglichen mit den Möglichkeiten von „Akzeptanz" in der Psychotherapie ist dies zunächst vielleicht eine Einschränkung. Zieht man jedoch die Bedingungen mit ein, setzt sich mit ihnen auseinander und schafft auch hierüber Veränderungen und Lösungen, dann allerdings ergeben sich gegenüber therapeutischen Settings erweiterte Möglichkeiten, eben weil Lebensbedingungen mit einbezogen werden. Akzeptanz ist dadurch anders verankert.

Subjektive Akzeptanz muss im professionellen Bereich von Erziehung und Betreuung immer auch die „äußeren Bedingungen“ gleichzeitig und gleichwertig mit einbeziehen.

Parteilichkeit

Parteilichkeit ergibt sich aus der Akzeptanz, zumeist in Auseinandersetzung mit den äußeren Bedingungen. Durch die Betreuung, durch das Erleben im Alltag, durch Verstehen und Nähe zeigen sich für die BetreuerIn oft Grenzen der vorgegebenen Bedingungen, die den Weg des Jugendlichen eher behindern als fördern. Um den Jugendlichen auf ‚seinem’ Weg zu akzeptieren, ist die BetreuerIn aufgefordert, Partei zu ergreifen, mit dazu beizutragen, die „äußeren Bedingungen“ zu verändern. Wenn z.B. die Anforderungen einer Schule zu Schwierigkeiten führen, dann müssen sich die Betreuer parteilich einsetzen und versuchen, mit den Zuständigen Lösungen im Sinne des Jugendlichen zu finden.

Parteilichkeit ergibt sich durch die bewusste Einbeziehung der äußeren Bedingungen. Sie erfordert Auseinandersetzung und Aushandeln mit denjenigen, die über diese Bedingungen zu entscheiden haben.

Distanz und Nähe

Angenommen und akzeptiert zu sein, sich gedanklich und emotional verstanden zu fühlen, heißt für die Jugendlichen, dass sie ihrerseits anfangen, die BetreuerInnen zu akzeptieren und Vertrauen fassen. Skepsis, Misstrauen, Fremdheit nehmen ab, emotionale Nähe nimmt zu. Es sind neue emotionale Erfahrungen, die sie bisher so nicht kannten.

Unter solchen Erfahrungen von Akzeptanz und emotionaler Nähe, können Ansprüche aufbrechen, denen die professionellen Bezugspersonen manchmal nicht standhalten können. Das, was die Jugendlichen bei Mutter, Vater, Freund oder Freundin an Entsagungen und Enttäuschungen erfahren mussten, kann die BetreuerIn nicht immer auffangen. Dies kann bedrohlich werden, wenn solche Prozesse nicht rechtzeitig erkannt werden, wenn z.B. BetreuerInnen solche Ansprüche unkritisch als

Bestätigung ihrer Person empfinden. Notwendig ist eine angemessene Kontrolle der Beziehungen aus folgenden Gründen:

- Enge Beziehungen, emotionale Nähe lassen sich zu mehreren und immer wieder neuen Jugendlichen nicht herstellen und durchhalten. Es besteht die Gefahr der Auswahl nach persönlicher Sympathie, was Störungen mit anderen Jugendlichen mit sich bringen kann.
- Weitgehendes, emotionales Nachvollziehen und Einfühlen können eine zu starke Identifikation mit sich bringen, mit belastenden persönlichen emotionalen Verwicklungen. Eine gewisse Distanz und Kontrolliertheit ist hier zur eigenen Psychohygiene notwendig.
- Bei zu großer Nähe besteht die Gefahr, dass das eigene Privatleben Schaden erleidet.
- Es gibt auch das umgekehrte Phänomen, dass Jugendliche zu sehr in die persönlichen Angelegenheiten der Betreuer einbezogen werden. Unter dem Anspruch einer scheinbar „neuen Offenheit" wird mit ihnen über Privates geredet, werden eigene Schwierigkeiten dargelegt, bekommen die Jugendlichen die Beziehungsprobleme ihrer BetreuerInnen mit. Diese Art der Nähe kann die Jugendlichen überfordern und Konflikte auslösen.

Es scheint ein Dilemma zu sein: Einerseits ist es doch schwierig genug, dass überhaupt emotional-vertrauensvolle Beziehungen entstehen; gelingt dies, muss wieder darauf geachtet werden, dass sie nicht zu weit gehen und müssen zurückgewiesen werden. Das Gefühl des emotionalen Verstehens und der Nähe ergibt sich nun andererseits gerade aus dem unbefangenen, unkontrollierten Erleben. Es muss doch schrecklich sein für den anderen, zu wissen, dass hier eine innere Kontrolle stattfindet. Diese störe die Natürlichkeit der Beziehungen, führe zur Anonymität, so lautet immer wieder die Kritik. Verständlich die Äußerung einer Jugendlichen nach mehrmaligen Betreuerwechsel: „Ich habe jetzt von diesen bezahlten Beziehungen die Schnauze voll."

Aber nicht die Kontrolle, sondern die Unkontrolliertheit der Beziehungen richtet den eigentlichen Schaden an. Wenn eben nicht geklärt ist, was mit der eingegangenen Nähe bei den Jugendlichen ausgelöst wird und welche eigenen Bedürfnisse man damit selber abdeckt. Wenn nicht klar ist, ob man die Beziehung ein- und durchhalten kann. Wenn plötzlich und unnachvollziehbar auf Distanz gegangen wird. Dann kommt es zu Enttäuschungen, die Jugendliche hinnehmen müssen.

Dazu ein Beispiel:

Ein Mitarbeiter, selbst noch in der Probezeit, bemüht sich sehr intensiv um eine neu aufgenommene Jugendliche. Er kann ihr in einigen emotional schwierigen Situationen „über den Berg helfen". Der Kollege wird für sie schnell wichtig, auch vor dem Hintergrund der Beziehung zu ihrem Vater. Für den neuen Kollegen bleibt dies jedoch die einzige Beziehung. Mit den anderen Jugendlichen des Projektes klappt dies nicht so. Statt dies nun erst einmal zu überprüfen, vorsichtig zu sein, bemüht er sich umso mehr um die eine Jugendliche (trotz der kritischen Ergebnisse aus der kollegialen Beratung im Team). Dann plötzlich kommt aus einem kurzen Urlaub der Anruf des Kollegen, dass er es sich doch anders überlegt hätte und kündigen wolle. Die Jugendliche ist sehr enttäuscht.

Hätte der Kollege seine persönliche Situation in das Betreuungsverhältnis mit einbezogen, der Jugendlichen von vornherein klargemacht, unter welchen Bedingungen er im Augenblick steht, wäre diese Enttäuschung vermeidbar gewesen. So kam die Entscheidung überraschend. Der Kollege orientierte sich nur an seinen Interessen und nicht an denen der Jugendlichen. Allzu große Nähe erwies sich hier als schädlich, mehr Distanz wäre hilfreicher gewesen.

Nähe und Distanz erfahren oft eine unterschiedliche, manchmal ungerechte Beachtung. Emotionale Nähe gilt eher als positiv, Distanz mehr als Übel, das man halt in Kauf nehmen müsste. Hier scheint etwas missverstanden zu werden. In der emotionalen Nähe wird etwas sehr Beziehungsvolles, Warmes, Schönes gesehen und in der Distanz, Kälte, Anonymität, Beziehungslosigkeit. Unter Distanz soll hier jedoch das Rückbeziehen der emotionalen Beziehungen auf die Bedingungen verstanden werden, damit diese überhaupt kontinuierlich verlässlich stattfinden können und keine Täuschungen entstehen.

Ein weiteres Beispiel:

Ein Jugendlicher erlebt in der Beziehung mit seiner Betreuerin Dinge, die sehr viel mit seiner Mutter zu tun haben, positiv und negativ. Die Betreuerin kommt immer mehr in diese Rolle. Das angemessene Aufklären dieser Rolle heißt zunächst, Distanz in die Beziehung bringen mit der Möglichkeit, dass der Junge etwas aus seiner Geschichte begreifen kann. Für die Betreuerin heißt es, eine einengende Rolle zu relativieren, sich zu befreien, zugunsten der Funktionen, die sie sonst noch in der Betreuung wahrnehmen muss. Emotionale Nähe muss deshalb nicht schaden erleiden. Sie ergibt sich in einem neuen, auf Grund der geklärten Bedingungen verlässlichen Kontext. Nähe und Distanz unter Beachtung der äußeren Bedingungen machen die Echtheit einer professionellen Beziehung aus.

Distanz und Nähe als Handlungsbegriff

Im vorangegangen Kapitel wurde „Distanz und Nähe" als Beziehungsbegriff behandelt. Dabei wird nicht deutlich, was „Distanz und Nähe" als Handlung sind. Welche Tätigkeiten führen zu Distanz oder Nähe? Welche Handlungsorientierungen sind möglich? Hier sollen nun die Begriffe „Distanz und Nähe" erweitert und als Handlungskategorie gefasst werden. Unterschieden wird dabei noch zwischen gedanklichen und emotionalen Bezügen. Gedanklich kann ein Thema, eine bestimmte Aufgabe so von einer Person Besitz ergreifen, dass die Gedanken nicht mehr davon loskommen. Bei zunehmender Fixierung wird es dann schwierig „abzuschalten". „Nicht abschalten können" heißt die Gedanken nicht in die nötige Distanz zu bringen. Dasselbe gilt für Gefühle, die z.B. als freudige Erregtheit oder aber als Angst Besitz ergreifen. Je nach Intensität erscheinen sie als „emotionale Nähe" oder als „kühle Distanz" ausgelegt zu werden.

Distanz und Nähe bezeichnen also ein quantitatives Verhältnis in Bezug auf den

- gedanklich-reflexiven Bereich: Häufigkeit und Intensität von gedanklicher Tätigkeit bezogen auf eine bestimmte Thematik;
- emotionalen Bereich: Qualität und Intensität von Gefühlen.

Zu große Nähe kommt einer gedanklichen oder emotionalen Fixierung gleich. Es führt zu einem engen Blickwinkel, einen Mangel an Übersicht. Fixierung und enger Blickwinkel bringen mit sich, dass Alternativen nicht gesehen oder empfunden werden. Auf der Handlungsebene kann Aktionismus entstehen.

Große Distanz kann gedanklich Desinteressiertheit und emotionale Teilnahmslosigkeit bedeuten. Auf der Handlungsebene zeigt sich eher wenig Aktivität. Die Unterscheidung zwischen gedanklich und emotional ist sinnvoll, weil beide Bereiche in unterschiedlichem Maße präsent sein und sich gegenseitig fördern oder behindern können. So können z.B. Stärken im gedanklich-reflexiven Bereich folgende Fähigkeiten beinhalten:

- Fähigkeit, zu abstrahieren,
- Fähigkeit, Zusammenhänge zu erkennen,
- Fähigkeiten des Theoretisierens,
- Fähigkeit des Strukturierens und des Überblicks.

Dies *kann* emotional Folgendes bewirken:

- geringe emotionale Beteiligung,
- geringes Einfühlungsvermögen,
- wenig Impulsivität,
- wenig positive „emotionale Ausstrahlung".

„Nähe" als hohe Präsenz im gedanklich-reflexiven Bereich heißt, in einem Thema aufzugehen, Wissen schnell verfügbar zu haben. Zusammen mit dem Erkennen von theoretischen Zusammenhängen und der Fähigkeit zu strukturieren und den Überblick zu behalten, ist dieser Bereich prädestiniert für federführende „Positionen", die allerdings nicht selten von der emotionalen Seite her als kalt-distanziert, wenig emotional beschrieben werden. Es gibt zudem eine geschlechtsspezifisch-männliche Vorrangigkeit.

Eine hohe Präsenz im emotionalen Bereich kann positiv folgende Stärken haben:

- verständnisvolles Einfühlen, Anteilnahme,

- Spontaneität, Impulsivität,
- emotionale Bewertung,
- positive emotionale Ausstrahlung,
- Vertrauen, Sympathie,
- Sich-identifizieren und auch Mit-leiden.

Dies kann auf den gedanklich reflexiven Bereich folgende Auswirkungen haben:

- Mangel an Abstraktion,
- geringe Theoriebildung,
- wenig Strukturierung und Überblick,
- wenig sachorientiertes Durchdenken,
- weniger bewusstes professionelles Handeln.

In der folgenden Skizze (s. Abb. 2) sollen die beiden Begriffe und ihre Wechselwirkung veranschaulicht werden.

Abb. 2: Nähe und Distanz – schematisch dargestellt

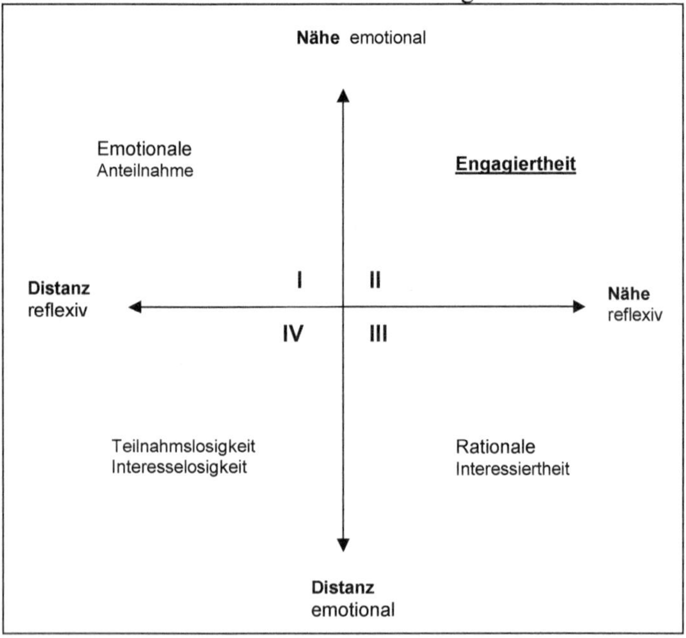

Nimmt man nun die beiden Kategorien „Reflexion“ und „Emotion“ so lassen sich manche Sachverhalte aus dem beruflichen Alltag besser beschreiben und auch mit Handlungsorientierungen verbinden. Es ist dadurch möglich, z.B. eine große belastende Präsenz (Nähe) in dem einen Bereich durch ein Vorgehen im anderen Bereich zu relativieren.

Eine hohe emotionalen Betroffenheit kann verhindern, dass der Kopf frei ist zum Denken. Über Reflexion lässt sich „Distanz“ herstellen und unangenehme emotionale Betroffenheit relativieren.

Um dies zu erreichen, gibt es folgende Handlungsorientierungen:

- Über Gefühle sprechen. Sie werden dadurch in Sprache gefasst.
- Sie werden veräußert, nach außen und damit in Distanz gebracht.
- Das Erkennen von Zusammenhängen bedeutet Abstraktion und emotionale „Distanzierung“.
- Supervision als organisierte Reflexion wahrnehmen.
- Veränderung der äußeren Bedingungen, z.B. Zeit nehmen, aus dem Raum gehen, Kontakthäufigkeit reduzieren, Urlaub machen, Essen gehen, andere Tätigkeiten etc.

Bei einem weitgehend reflexiv-rationalen Vorgehen kann emotionale Vertrautheit, Offenheit, Sympathie, emotionales Verstehen zu kurz kommen. Hier sind Handlungsorientierungen schwieriger zu formulieren. Es kann nicht ausreichen, Reflexionen zurückzunehmen. Folgende Handlungsorientierungen können wichtig sein:

- Häufige Kontakte;
- gemeinsame Aktionen;
- konkrete Hilfen bei Konflikten;
- Zuhören, aufmerksames Nachfragen, weniger erklären;
- Verlässlichkeit;
- Parteilichkeit.

Wenn beide Kategorien „reflektierte Interessiertheit“ und „emotionale Teilnahme“ angemessen vorhanden sind, so ist dies vielleicht das Optimum und soll als „Engagiertheit“ bezeichnet werden.

Distanz und Nähe im professionellen Alltag

Zu Betreuungen kommt es durch eine Antragstellung der Eltern, eine Bewilligung des Jugendamtes und Ausführung durch einen freien Träger. Sie kommen nicht zustande, weil sich Betreute und Betreuer aus Interesse aneinander suchen oder sich gar mögen. Sie sind sich am Beginn fremd. Es beginnt also für beide in Feld IV eine denkbar ungünstige Voraussetzung.

Es gehört zum Job der Betreuer, eine emotionale Beziehung herzustellen und Interesse an der Person der Betreuten zu entwickeln. Die jedoch sind nicht immer entgegenkommend, sondern eher misstrauisch, ablehnend oder aggressiv. Es ist für die BetreuerInnen meist herausfordernd und anstrengend, eine *engagierte Handlungsorientierung* zu entwickeln[9].

Die mit sperrigen Jugendlichen verbundenen Belastungen und Verunsicherungen führen manchmal zu einer anderen Verwendung von Begrifflichkeiten, als sie hier vertreten wird. Distanz wird zur professionellen Umschreibung für „ich habe keine Lust mich näher auf die Jugendlichen einzulassen“ oder „ich habe Angst eine größere Nähe einzugehen“. Distanz ist dann nicht die Zurücknahme einer zu großen „Nähe“, sondern ein Schutzbegründung für zu wenig Nähe.

Für eine *„engagierte Handlungsorientierung“* in Feld II geht es um das richtige Verhältnis von Distanz und Nähe, das richtige Maß inhaltlicher Interessiertheit und emotionaler Anteilnahme.

Das „richtige Maß“ ergibt sich aber erst über die Heranziehung der „äußeren Bedingungen“. Denn sonst bleibt die Be-

9 Bei einem sozialräumlichen Konzept und guter Verankerung im Sozialraum sind gute Voraussetzungen für ein engagiertes Miteinander gegeben. Die Beteiligten sind sich bekannt und stehen sich nicht so fremd gegenüber, wie z.B. stationären Fremdunterbringungen.

grifflichkeit in zwischenmenschlichen Beziehungsverhältnissen stecken. Die äußeren Bedingungen einer professionellen Betreuung sind z.B.:

- der professionelle Status (also bezahlter Betreuer),
- ein begrenzter Zeitrahmen,
- eigene persönliche Bedingungen,
- Trägerbedingungen, Hilfeart, Wohnung und Schule ergeben
- sozialräumliche Bedingungen, Lebensverhältnisse.

Das richtige Maß an Distanz und Nähe ergibt sich als „Engagiertheit" durch emotionale Anteilnahme und gedanklich-reflexives Interesse, unter Beachtung der „äußeren Bedingungen. Damit sind Bereiche beschrieben, in denen sich „Handlungsorientierungen" erarbeiten lassen. Sie können die Begriffe „Distanz" und „Nähe", die üblicherweise immer nur ein diffuses Mehr oder Weniger in einem Beziehungsverhältnis angeben, nutzbringend ersetzen.

„Schwierige Jugendliche"

Die Unterteilung in schwierige und nicht so schwierige Jugendliche ist vielleicht allgemeinste diagnostische Unterscheidung. Von schwierigen und als Steigerung von besonders schwierigen Jugendlichen zu reden, sind Kategorien der PraktikerInnen. Dazu gehört auch der Satz, dass die Jugendlichen immer schwieriger werden. Ich kenn ihn seit etwa 25 Jahren. Er steht schon 1977 im ZWISCHENBERICHT KOMMISSION HEIMERZIEHUNG[10]. „In den letzten Jahren werden, wie es heißt, die Jugendlichen im Heim zunehmend schwieriger...". Beschrieben wird das mit Begrifflichkeiten wie verhaltensgestört, asozial, neurotisch, aufsässig, Prostitution, arbeitscheu, unordentlich, schmutzig, labil, kriminell, Schulschwänzer etc. Neue Begriffe kamen hinzu wie „Crash-Kids" oder jetzt „Intensivtäter". Sie fallen auf, weil sie mit ihrem Verhalten mehr als andere stören, Störenfriede sind oder sich selbst schädigen.

10 ZWISCHENBERICHT KOMMISSION HEIMERZIEHUNG der obersten Landesjugendbehörden und der Bundesarbeitsgemeinschaft der freien Wohlfahrtspflege, Ffm.1977

Mit solchen Jugendlichen verbindet sich immer wieder die Forderung einer geschlossenen Unterbringung (GU).

Im Rahmen eines Modellprojektes[11] gegen „Geschlossene Unterbringung“ haben wir nur solche Jugendliche betreut, bei denen eine GU Diagnose vorlag und die als extrem schwierig bezeichnet wurden. Hier mussten wir, wie bei den anderen Fällen auch, feststellen, dass die Diagnosen und Prognosen wenig zutreffend waren. Es gab zwar sehr anstrengende Jugendliche, aber auch solche, bei denen nicht nachvollziehbar war, warum sie als schwierig bezeichnet wurden. Manche machten eine relativ geradlinige Entwicklung bis hin zu einer Berufsausbildung.

Bei einigen als schwierig geltenden Jugendlichen nahm ich mir einmal die Freiheit, die vielfältigen gutachterlichen Begleittexte zu ignorieren. Ich nahm problematisches Verhalten, z.B. suizidales Verhalten bei einer Jugendlichen einfach als dramatische Ich-Äußerung und betrachtete mir ihren Lebenslauf: Sie war von Geburt an in Heimen und Einrichtungen der Jugendhilfe. Es ließen sich keine Schlüsselereignisse, besondere Defizite an Zuwendung, beziehungsmäßige Vernachlässigungen oder sonstige schwer wiegende Ereignisse feststellen. Die Betreuungen liefen nach ihren Schilderungen professionell korrekt, sie selbst hatte auch nichts zu kritisieren. Sie konnte aber auch keine BetreuerIn benennen, die ihr besonders nahe stand.

Aus ihren Erzählungen ergab sich, dass es viele sensible Bedürfnisse und Erwartungen gab, auf die nicht eingegangen wurde, z.B. hätte sie gerne einen Hund gehabt und ihr Zimmer gerne anders gestaltet. Sie wollte herausfinden, wer ihr Vater ist und ihn kennen lernen. Das wurde ihr aus pädagogischen Gründen verwehrt. Es fehlte an aufmerksamem Zuhören, täglichem Plaudern über Schule, über Probleme mit anderen Kindern und über die eigene körperliche Entwicklung. Sie hatte kein einziges Foto von sich. Wenn auf Probleme eingegangen

11 Modellprojekt gegen geschlossene Unerbringung, Verbund sozialtherapeutischer Einrichtungen (VSE) Celle; Institut für Sozialarbeit und Sozialpädagogik (ISS), „Offene Betreuungsformen als Alternative zur geschlossenen Unterbringung“ Frankfurt/M, 1986.

wurde, war dies meist zeitlich terminiert, limitiert und in Form von Gruppengesprächen, wie es eben der Schichtbetrieb und Betreuungsalltag im Heim zuließ. Und was besonders fehlte, war, wie aus den Beratungen deutlich wurde, dass die erlebten Ereignisse den BetreuerInnen nicht wirklich nahe gingen. Dort, wo vielleicht Eltern fürsorglich oder erschrocken reagieren würden, handelten die BetreuerInnen „abgeklärt".

Nur durch eine extreme Auffälligkeit lassen sich Professionelle manchmal noch erschrecken. Selbstmordversuch ist eine solche extreme Auffälligkeit. Sie erschreckt die Betreuer, weil sie auch selber sehr stark in Verantwortung gezogen werden können. Das kann das Kind zwar nicht erkennen, es sieht nur die Reaktion, empfindet diese als außerordentlich große Sorge um sich selbst. Und diese Sorge, dieses fürsorgliche Erschrecken lässt sich immer wieder herstellen, denn es stumpft nicht ab. Es ist das Einzige, was sich nur schwer in professionelle Routine überführen lässt. Aus dieser Betrachtung/Interpretation ergab sich eine Zentralorientierung: Eine Bezugsperson, die verlässlich über die professionelle Alltagsroutine hinaus für die Jugendliche da ist. Methodisch sollte sie auf verbale und verhaltensmäßige Selbstäußerungen eingehen und über vorsichtig angelegte Reflexionsprozesse die äußeren Bedingungen mit einbeziehen. Es gab weitere Schritte einer kontrollierten Alltagsgestaltung, auf die hier nicht mehr weiter eingegangen werden soll.

Suizidales Verhalten wurde abgebaut; stattdessen nahmen die Aggressionen gegen die Umgebung zu. Wir sahen darin im Gegensatz zum zuständigen Jugendamt aber einen ersten Erfolg. Phasenweise richteten sich die Aggressionen auch gegen die Betreuerin, was für diese zunächst unverständlich und schwer auszuhalten, von der Jugendlichen her aber nachvollziehbar war. Denn es waren für sie neue Beziehungserfahrungen, deren Verlässlichkeit sie testete. Bei der Suizid gefährdeten Jugendlichen ergaben sich die Zentralorientierungen aus dem dialogischen Handeln und über gemeinsame Reflexionsprozesse unter Einbeziehung der Lebensbedingungen. Ich möchte die so gewonnenen Erkenntnisse nicht unter dem Begriff Diagnostik einordnen. Solche Erkenntnisse sind sehr an die jeweilige Situation, an Handlungsprozesse und an die Jugendliche und an die Betreuerin gebunden. Als Teil eines Prozesses sind es immer auch nur vorläufige Erkenntnisse im Sinne von handlungsorientierenden Annahmen. Es geht dabei nicht um überdauernde Aussagen oder Persönlichkeitsmerkmale, wie es bei diagnostischen Begriffen Anspruch ist. In den gutachterlichen Stellungnahmen wurden z.B. die Merkmale „psychische Labilität“ und „mangelnde Ichstärke“ genannt. Aber was soll man damit auf Handeln bezogen anfangen? Solche Kategorien enthalten keine Handlungsimpulse. Außerdem stellt sich die Frage, ob die Jugendliche nicht große Ichstärke gezeigt hat. Sie hatte den Mut, zu den letzten ihr zur Verfügung stehenden Mitteln zu greifen, um endlich das zu bekommen, was ihr in ihrem Leben so lange fehlte.

Zusammenfassend sollen abschließend die wichtigsten Merkmale von Diagnosen/Diagnostik und Zentralorientierungen noch einmal gegenübergestellt werden:

Diagnostik

- Diagnostik versucht Verhalten Erklärungsmustern zu zuordnen. Dem haftet es etwas konservativ überdauerndes an. Dies hindert an einer flexiblen Lösungssuche. Den „Verdacht auf Hirnschaden“ bekommt man so schnell nicht wieder los.
- Unter den komplexen Bedingungen der Jugendhilfe sind ursächliche Erklärungen kaum möglich. Da hilft auch der Begriff der „multidimensionale Diagnose nicht weiter“.
- Daraus ergeben sich zu kurz greifende, vordergründig pauschale diagnostische Aussagen, also Fehldiagnosen.
- Zu wenig beachtet werden die äußere Bedingungen, z.B. die Lebensverhältnisse, die sozialräumlichen Bedingungen, die Bedingungen der Jugendhilfe und der jeweiligen Einrichtung.
- Probleme werden individualisiert und auf die Einzelperson verlagert
- Diagnostische Prozesse werden von „außen“ geführt mit einer Minimalbeteiligung der Betroffenen. Deshalb sind die Aussagen für diese irritierend und fremd.
- Diagnostisches Wissen ist Wissen über jemanden, das zur Begründung von Interventionen dient und Entscheidungen über Menschen begründet. Es ist Herrschaftswissen. Menschen werden zu Objekten.
- Diagnostische Aussagen sind Interessen geleitet. Interessen der Einrichtung. (Abschiebung, Verlängerung von Maßnahmen etc.) oder Kosten (öffentlicher Träger) haben Einfluss.
- Diagnosen dienen den Entscheidungsträgern zur Rechtfertigung von Kosten. Es gibt in der Regel keine ausreichende Evaluationen, die die diagnostischen Aussagen und Prognosen überprüfen.
- Für Fachkräfte ist diagnostisches Wissen eine Aufwertung. Es fördert die Weißkittelmentalität. Es reduziert sich aber oft auf ein vulgär psychologisches Wissen mit der Tendenz zu stigmatisierenden Zuschreibungen.
- *Diagnosen nützen vor allen Dingen denen, die sie durchführen.*

Zentralorientierungen

- Zentralorientierungen sind Leitbegriffe des Handelns.
- Zentralorientierungen verzichten auf kausale Erklärungs-Zusammenhänge.
- Sie beziehen sich auf das, was die Betroffenen hier und jetzt mitteilen und was nach ihrem Willen in Zukunft sein soll.
- Durch diese Art der subjektiven Vermittlung sind die Informationen an die Betroffenen gebunden. Für „Experten“ lässt sich kein Wissensmonopol anhäufen.
- Dadurch ändern sich die subjektiven Machtverhältnisse. Der Betreuer hat sich an dem zu orientieren, was der Jugendliche rüberbringt.
- Dadurch werden seine Gedanken, seine Einstellung, seine Sichtweisen beachtet, ernstgenommen, respektiert und akzeptiert.
- Die Ziele ergeben sich durch die Suche der Jugendlichen nach Lösungen und Perspektiven: Zentralorientierungen stärken damit das Vertrauen in die eigene Lösungskompetenz.
- Zentralorientierungen enthalten immer einen Handlungsanteil. Der Begriff zielt nicht auf überdauernde Verhaltensmuster, sondern ist flexibel auf seine eigene Veränderung angelegt. Er lässt sich nicht als Persönlichkeitsmerkmal festschreiben Dies ist ein wesentlicher Unterschied zum diagnostischen Begriff.
- Durch das Einbeziehen der äußeren Bedingungen werden individualisierende und psychologisierende Vorgehensweisen vermieden. Die Lebensverhältnisse und sozialräumliche Realitäten werden in das Handeln mit einbezogen.
- Die Subjekte behalten die Federführung für Handeln. Federführung schließt jedoch die Kompetenzen der Fachkräfte nicht aus.
- Zentralorientierungen verlangt von den Fachkräften ihr eigenes Verhalten zu planen und nicht das der Jugendlichen. Betreuungsplanung wird so zur Verhaltensplanung der Erwachsenen. Sie müssen auf sich bezogen planen, wie sie die Stärken der Betroffenen fördern können.

4. Methodische Prinzipien

4.1 Die gleichzeitige und gleichwertige Berücksichtigung verbaler Äußerungen, Verhaltensäußerungen und äußerer Bedingungen

Was ist zu tun, um den Anspruch „Sich am Jugendlichen orientieren“ zu erfüllen? Was heißt, „am Jugendlichen orientieren“ nun konkret? Woran beim Jugendlichen soll man sich eigentlich im alltäglichen (sozialpädagogischen) Umgang orientieren?

Wenn Jugendliche „keinen Bock zu nichts“ haben, soll man das so hinnehmen, abwarten, sich im Gespräch bemühen, Forderungen zu stellen, auf Konsequenzen hinzuweisen? Wenn Jugendliche ihre schulische, berufliche Ausbildung „schluren“ lassen und damit die „Hilfe-Maßnahme“ gefährden, soll man sie dann ‚auflaufen’, die Konsequenz in ihrer vollen Härte spüren lassen oder sie vielleicht doch eher bedrängen und sie überreden, weiterzumachen? Überblicken sie eigentlich ihre Situation, sind sie nicht auf unsere fürsorgliche Voraussicht angewiesen?

Was tut man in Orientierung an diesem Konzept, wenn sich Jugendliche mit Alkohol, Drogen massiv gefährden? Soll man ansprechen, problematisieren, verbieten, kontrollieren, unter Druck setzen oder vielleicht eine psychiatrische Beobachtung einleiten? An was soll man sich orientieren, wenn Jugendliche gemeinsam erörterte und abgestimmte Ziele ‚über den Haufen werfen und sich scheinbar immer wieder selbst einen Strich durch die Rechnung machen’?

Da sind nun vielleicht alle Instanzen überzeugt worden, der Zuschlag für eine Lehrstelle ist da, der Jugendliche jedoch verschläft gleich am ersten Tag. Die Betreuer regeln die Sache wieder, „überzeugen" den Jugendlichen, schubsen und schieben, aber nach ein paar Tagen „fliegt" er endgültig raus. Er hat sich so verhalten, dass es nur schief gehen konnte. Das nervt und macht die Orientierung an ihm nicht gerade leicht, und es bleibt die Frage, an was man sich nun eigentlich zu orientieren hat, wenn Widersprüchliches und Chaotisches produziert wird.

Wir nehmen diese chaotische Erscheinungsform ernst und sehen sie als Ergebnis von Widersprüchen zwischen den folgenden drei Bereichen:

1. Verbale Äußerung,
2. Verhaltens-Äußerung,
3. Äußere Bedingungen.

Diese drei Bereiche sind Teile eines Ganzen und definieren den Begriff *„Subjekt"*. Sie dürfen nicht additiv nebeneinander gestellt werden. Sie stehen in einem wechselseitigen dialektischen Verhältnis zu einander. Es handelt sich hier nur um eine methodisch-analytische Trennung.

Um diese Ganzheitlichkeit zu sichern, gibt es die methodische Anweisung, diese drei Bereiche *„gleichwertig"* und *„gleichzeitig"* zu behandeln.

1. Verbale Äußerungen

Sind Inhalte, die über Sprechen oder auch schriftlich mitgeteilt werden. Es sind Willensäußerungen.

2. Verhaltens-Äußerungen

Aussagen, die über Verhalten zum Ausdruck gebracht werden: Gefühls- und Beziehungsäußerungen, Mimik, Gestik, Art des Sprechens.

Dazu gehört auch das Gesamtverhalten, das sich über einen längeren Zeitraum zeigt, wie z.B. sich immer in bestimmten Cliquen aufhalten und häufiges Vermeiden des Schulbesuchs.

3. Äußere Bedingungen

Dazu gehören sozialräumliche Bedingungen, Wohnverhältnisse, Einkommensverhältnisse, Schulpflicht sowie gesellschaftliche Bedingungen.

Schwierige Situationen und Problemkonstellationen zeigen sich immer als Widerspruch zwischen diesen drei Bereichen, z.B. „Ich will zur Schule gehen“ (verbal) und ein häufiges Verschlafen, Schwänzen, Bus verpassen (Verhalten), und dies steht wiederum im Widerspruch zur Schulpflicht (äußere Bedingung).

Gleichwertigkeit und Gleichzeitigkeit

Die „gleichwertige“ und „gleichzeitige“ Beachtung der drei Bereiche hat sich als wichtiges methodisches Prinzip herausgestellt. Die *„Gleichwertigkeit“* bezieht sich auf den Inhalt. Verbale Äußerungen, Verhaltensäußerungen und äußere Bedingungen sind inhaltlich gleich bedeutend.

In der Praxis werden die Gewichtungen sehr unterschiedlich wahrgenommen. In der Regel ist ein Bereich dominierend: eine verbale Darlegung, ein massiver Verhaltensausdruck oder Forderungen, die sich von den *„äußeren Bedingungen“* her aufdrängen.

Beruflich unerfahrene Personen klammern sich oft an die „verbalen Äußerungen“.

‚Psychodynamiker' und Therapieinteressierte bevorzugen den Bereich der *„Verhaltensäußerungen“*. Sie versuchen die Themen vorrangig pädagogisch auf der subjektiven, psychologisierenden und individualisierenden Ebene zu lösen. Oft steht die „Beziehungsarbeit“ im Mittelpunkt. Das kann damit zusammenhängen, dass sie im Umgang mit den äußeren Bedingungen (Kosten, Rechtsgrundlagen, Vorschriften, aber auch in der Bewertung der ‚realen sozialen Situation') wenig Erfahrung haben und diesen Bereich meiden. Manche überbetonen die *„äußeren Bedingungen“*. die gesellschaftlichen Strukturen und die politischen Verhältnisse. Sie vernachlässigen damit den subjektiven Bereich, das Eingehen auf die Willensäußerungen, Beziehungen und subjektive Befindlichkeiten.

Vom Konzept her besteht der Anspruch, solche persönlichen Festlegungen zu überdenken und sich mehr mit den jeweils vernachlässigten Sichtweisen zu beschäftigen. Hilfreich sind kollegiale kritische Diskurse.

Die *„Gleichzeitigkeit"* ist eine Sache der Methode. Wenn man die drei Bereiche inhaltlich als „gleichwertig" anerkennt, dann muss es noch gelingen, diese „Gleichwertigkeit" umzusetzen. Es bedarf methodischer Übung, die gleichwertige Beachtung der drei Bereiche zu realisieren und aufrecht zu erhalten. Bei mangelnder methodischer Sicherheit kann es zu einer Reduzierung beim Herausfinden der *„Zentralorientierungen"*, z.B. auf rein verbale Äußerungen, kommen. Ein Jugendlicher wird dann z.B. gefragt, was er will oder nicht will, ohne dabei auf sein Ausdrucksverhalten zu achten, ohne seine Lebenssituation mit einzubeziehen. Dies ist eine grobe und unzulässige Simplifizierung des Konzeptes. Um es noch einmal zu betonen: Die gleichwertige Anerkennung der drei Bereiche erfordert eine inhaltliche Auseinandersetzung, die gleichzeitige Anwendung methodische Übung.

Ein Beispiel: Schulschwierigkeiten des Jugendlichen A.

Der Jugendliche A. stört im Unterricht, provoziert Mitschüler und Lehrer, verschlampt sein Schulzeug, schwänzt öfters die Schule etc. (Verhaltensäußerung). Es kommt zu mehreren Gesprächen mit der Schule, Jugendamt, Einrichtung (äußere Bedingungen), die immer wieder auf dieselbe Weise enden: Der Jugendliche verspricht, dass er nun regelmäßig zur Schule gehen und auch in angemessener Weise am Unterricht teilnehmen will (Verbale Äußerung). Es änderte sich aber nichts. Die Situation eskaliert. Einer Betreuerin gelingt ein sehr verständnisvolles Gespräch. A. ist zum ersten Mal in der Lage, einigermaßen offen über seine Situation und seine „Karriere" zu reden. Andere Punkte als die Schule rücken in den Mittelpunkt. Nach diesem Gespräch kann die Betreuerin den Jugendlichen und auch das, was in der Schule abläuft, sehr gut verstehen. Er selbst fühlt sich ebenfalls gut verstanden. Die Äußerung des Jugendlichen „Morgen gehe ich zur Schule" tut auch der Betreuerin gut. Sie sieht es als Erfolg ihrer verständnisvollen Zuwendung. Jetzt noch über die äußere Bedingungen wie „Schulpflicht" u.Ä. mehr zu reden, würde auch die gute Stimmung stören. A. ist auch froh, dass man ihn damit in Ruhe lässt.

Die Betreuerin spricht mit den Lehrern, klärt die Problemlage und wirbt um weiteres Verständnis. Die Schule ist zu einem neuen Versuch bereit. Es ändert sich jedoch nichts. Von der Schule kommt verschärfte Kritik. Es gäbe nun zwar ein weitreichendes Problemverständnis, jedoch mit dem Vorwurf der Unfähigkeit gegenüber den SozialpädagogInnen, verändernd wirken zu können.

Die Betreuerin gibt dies weiter an A. und lässt ihn spüren, dass auch sie enttäuscht sei. A. wird nun sauer und aggressiv und meint, die Betreuerin sei auch nicht besser als all die anderen. Er fühlt sich getäuscht. Aus dem verständnisvollen Verhalten seiner Betreuerin hat er nämlich stillschweigend geschlossen, dass das Wegbleiben aus der Schule doch nicht ganz so schlimm ist. Es war für ihn irgendwie eine „halbe Erlaubnis“, milderte das Problem.

Betrachten wir noch einmal den Ablaufes nach den Begriffen des Konzeptes:

- *Es besteht eine Vorrangigkeit der äußeren Bedingungen, (hier: Schule, Schulpflicht, Eltern öffentliche Meinung), die vereint druckvoll wirken und immer wieder zu neuen „verbalen“ Vereinbarungen mit dem Jugendlichen führen.*
- *Vernachlässigt wurden seine „Verhaltensäußerungen“, wie sie über das Schulvermeiden und die anderen Verhaltensweisen zum Ausdruck kamen. Es wird zwar darauf hin eingegangen, aber nicht in der gleichen „Wertigkeit“ wie auf die Forderungen der Eltern und Schule.*
- *Es kommt zu schnell zu „verbalen“ Vereinbarungen. Sie sind nicht tragfähig. Teilweise sind sie sogar von den Jugendlichen vorweggenommen. Sie kennen die hohe „soziale Erwünschtheit“ solcher Vereinbarungen und haben gelernt, sich entsprechend anzupassen und zu äußern, um damit, zumindest kurzfristig, Konflikte zu umgehen. Dann ist es umso wichtiger, auf ihre „Verhaltensäußerungen“ einzugehen.*
- *Der Betreuerin gelang es dann, auf dieses Verhalten angemessen einzugehen und den Jugendlichen zu verstehen. Er selbst fühlte sich verstanden.*
- *In diesem Gespräch wurde nun das „Verhalten“ vorrangig beachtet. Die „Äußeren Bedingungen“ gerieten in den Hintergrund und es kam zu keinen ausreichenden „verbalen Vereinbarungen“. Für den Jugendlichen hieß das Ver-*

ständnis seines Verhaltens durch die Betreuerin auch so etwas wie Akzeptanz seines Schulverhaltens. Dies wirkte wie eine „Absolution", milderte die Vorwürfe, brachte das Gefühl, dass alles in Ordnung sei.

- *Die Betreuerin, in der Freude des gelungenen Gespräches, übersah diese weitreichende Wirkung. Sie entlastete den Jugendlichen durch das sehr verständnisvolle Gespräch und später, indem sie stellvertretend für ihn in der Schule um Verständnis warb.*
- *Fast wie selbstverständlich werden von den Beteiligten unterschiedliche Ableitungen gemacht. Die Schule und auch die Betreuerin gehen davon aus, dass nun eine positive Veränderung eintritt. Der Jugendliche sieht und empfindet dazu eher weniger eine Notwendigkeit aufgrund des ihm entgegengebrachten Verständnisses.*
- *Damit verschärft sich der Widerspruch. Die Beteiligten fühlen sich wechselseitig enttäuscht. Die Betreuerin hat nun „keinen Bock mehr", den Jugendlichen „noch weiter zu verstehen".*

Bei der „gleichwertigen" und „gleichzeitigen" Beachtung der drei Bereiche (Verbal/Verhalten/äußere Bedingungen) hätten die Äußerungen über „Verhalten" frühzeitig einbezogen werden müssen. Die Vielzahl verbaler Vereinbarungen, die nicht eingehalten wurden, hätte man sich dabei sparen können. Bei dem Eingehen auf die Verhaltensäußerungen und deren Hintergründe sind trotz oder gerade bei einem weitgehenden Gefühl des Verstehens die „äußeren Bedingungen" immer wieder mit heranzuziehen. Dies erschwert zwar zunächst das Gespräch, behandelt aber misstrauische Reaktionen (wie sie ja später zur massiven Enttäuschung wurden) direkt innerhalb eines Gespräches.

Problematische Situationen bedeuten immer, dass die drei Bereiche im Widerspruch zueinander stehen. Deshalb ist die konzeptionelle Forderung der „gleichzeitigen" und „gleichwertigen" Einbeziehung methodisch anstrengend und erfordert ausreichende Übung. Eine vordergründige Harmonisierung möglicher Widersprüche zwischen den verschiedenen Äußerungsformen ist aufgrund dieser Anweisung möglichst zu vermeiden.

Es sind aber die Widersprüche des Jugendlichen, die er selbst mit produziert hat. Es ist wichtig, diese Widersprüche den Jugendlichen als seine Widersprüche begreifen zu lassen, sich z.B. mit schnellen Lösungsvorschlägen zurück zu halten, statt dessen das Erleben der Widersprüche aufrecht zu erhalten. Damit dies gelingt, ist es wichtig, sich möglichst nah an der Darstellung des Jugendlichen zu halten. Wir nennen dies *„Im Darstellungssystem des anderen bleiben"* und den Jugendlichen mit seinen selbst formulierten Widersprüchen zu *„bedrängen"* (Was dies methodisch bedeutet, wird an anderer Stelle und dem Punkt *„Bedrängen statt Druck machen"* näher erläutert.).

Widersprüche, so behandelt, müssen sich nicht in Konfrontationen entladen.

Sie richten sich weniger aggressiv gegen die Betreuer, wenn sie sich an die methodischen Regeln des Konzeptes halten und nicht über ihre eigenen Interpretationen, Bewertungen und Zielvorgaben Konflikte stiften. Widersprüche zwischen den genannten drei Ebenen (verbale Äußerungen, Verhaltensäußerungen, äußere Bedingungen) sind schwer nachzuvollziehen, wenn mit ihnen ungleichwertig und zu verschiedenen Zeitpunkten umgegangen wird, weil damit dem Jugendlichen vermittelt wird, bestimmte Dinge seien gerade nicht so wichtig. Er muss sich deshalb getäuscht fühlen, wenn sie später dann als besonders wichtig aufgegriffen werden wie das obige Beispiel zeigt. Der ganze Prozess ist also ein „Sich-hin-und-her-Bewegen" zwischen den drei Bereichen, um ihre „gleichwertige" Beachtung zu gewährleisten.

In dem obigen Beispiel hätten in dem Beratungsgespräch der Betreuerin die Widersprüche so lange – möglicherweise durchaus konfliktreich – bewegt werden müssen, bis eine „stimmige Handlungsorientierung" zustande gekommen wäre, z.B.:

- *Der Jugendliche A. entscheidet sich, nicht mehr zur Schule gehen zu wollen und dazu eine Schulbefreiung beim Schulaufsichtsamt zu beantragen. Seine Betreuerin bittet er ihn dabei zu unterstützen oder*
- *es stellt sich heraus, dass A. in seiner Klasse oft verprügelt wird. Er möchte in eine andere Klasse oder wenn möglich*

in eine andere Schule. Es lassen sich diesbezüglich Lösungen finden oder

- *A. ist es peinlich, dass er älter ist als die anderen in der Klasse, aber viel schlechter als die meisten. Das ist der eigentliche Grund seiner Schulvermeidung. Eine Förderung und Auslagerung eines Teils des Unterrichts wird genehmigt.*

4.2 „Offenlassen als Methode“

Offen lassen heißt, einen Prozess zuzulassen mit Um- und Irrwegen, ohne korrigierend einzugreifen, ohne Hinweise auf zu erreichende Ziele, auch nicht, wenn dies in bester Absicht und sehr verständnisvoll gemeint ist.

Die Forderung ist: „Halte dich zurück, halte dich raus, lass zu, sieh (trotz besseren Wissens) und traue zu; vertraue auf die Fähigkeiten und vor allen Dingen darauf, dass sich Fähigkeiten entwickeln können“. Dieser methodische Aspekt hat sehr viel zu tun mit Akzeptanz und prinzipiellem Vertrauen in die Fähigkeit der Selbstbestimmung und Eigenverantwortung. Im weitesten Sinne hängt dieser Begriff sehr stark mit einer demokratischen Grundeinstellung zusammen.

„Offen lassen“ ergab sich als Begriff über die immer wieder gemachten Aussagen, wie schwer es sei, Lösungssuche beim „anderen“ zuzulassen und vor allem dann auszuhalten, wenn nach eigener Meinung wichtige Dinge übersehen werden. Es drängt Berater und Gesprächspartner dazu, dieses „Wichtige“ irgendwie unterzubringen durch entsprechendes Nachfragen, Hinweise geben, erstrebenswerte Ziele hervorzuheben oder das Einbringen eigener Erwartungen.

„Offenlassen“ gilt sowohl im kollegialen Umgang für die kollegiale Beratung als auch im Umgang mit den Kindern und Jugendlichen. Es sei oft schwer, mit anzusehen, dass z.B. Jugendliche in ein paar Monaten in Schule und Lehre eine Prüfung haben, sich aber in keiner Weise vorbereiten und ihre Zeit vertrödeln. Es wird dann versucht, zu „motivieren“, d.h. die Jugendlichen zu überreden, zu beeinflussen, unter Druck zu setzen, ihnen zu erklären, wie wichtig ein Lehrabschluss für ihren weiteren Werdegang ist. Eine solche Vorgehensweise zeigt jedoch in den seltensten Fällen Erfolg. Die von den Betreuern nahe gelegten Ziele werden nicht erreicht, und die Enttäuschung ist bei den Betreuern oft größer als bei den Betroffenen selbst. Das Nichterreichen solcher Ziele wird dann auch als Misserfolg ihrer Tätigkeit gewertet. Je mehr Zielvorgaben vorhanden und je selbstverständlicher diese sind, desto weniger offen ist die Situation zur eigenständigen Gestaltung und Bewältigung. Ziele vorgesetzt zu bekommen, immer gesagt zu bekommen, was richtig und falsch ist und wo es lang geht, belastet und macht klein, bringt Gefühle der Unfähigkeit und der Minderwertigkeit. Für die, die es erfahren müssen, heißt dies nichts anderes als „Ich weiß nichts, die anderen wissen es" oder umgekehrt – von der Seite der anderen her betrachtet – „Ich weiß, was richtig für dich ist, du weißt es nicht, weil du noch zu klein, zu unerfahren, zu dumm bist".

In solchen Beziehungen haben die Kinder wenig Chancen, sich zu erfahren, ihre Fähigkeiten zu entwickeln und zu erproben. Es bleibt ihnen oft nichts anderes übrig, als auszuweichen, zu verweigern, massiv in Widerspruch/Opposition zu gehen und dies auch eindringlich zu demonstrieren, z.B. über Kleidung, Haartracht, Gestaltung des eigenen Zimmers, Musik, Zuordnung zu politischen Richtungen oder Subkulturen – nicht selten im krassen Gegensatz zu den Eltern oder BetreuerInnen: Nur in der radikalen Opposition können sie dann Eigenständigkeit zeigen.

Das eigentliche Übel ist, Erwachsene (Eltern oder Betreuer, aber auch Kollegen oder Lebenspartner) um sich zu haben, die immer schon wissen, ‚wo es lang geht'. So gut Informationen und Ratschläge auch gemeint sein mögen, sie nehmen prinzipiell Erfahrungs- und Erprobungsraum. Nicht das Mitteilen erstrebenswerter Ziele ist wesentlich, sondern die Fähigkeit, Ziele zu entwickeln, für sich selbst Ziele zu erarbeiten, sie anzustreben, sie eventuell aufzugeben und sich neue Ziele zu setzen.

Die Methode des „Offenlassens" ist im Grunde eine einfache und Erfolg versprechende Methode. Dennoch stellt sich immer wieder heraus, dass ihre Anwendung vielen sehr schwer fällt. Besonders folgende Punkte sind hinderlich:

- Die Schwierigkeit, Informationen und Wissen zurückzuhalten, um anderen, z.B. Kindern, eine Chance zu geben, dies selber zu erfahren, zu erarbeiten und zu erkennen.
- Die Angst vor Spätfolgen in der Zukunft, wenn jetzt bestimmte Leistungen nicht erbracht werden.
- Sich in diesem Prozess des „Offenlassens" unwissend und hilflos zu fühlen, vor allen Dingen jedoch die Angst, von außen so gesehen zu werden.
- Im professionellen Bereich der Druck, sichtbare Erfolge vorweisen zu müssen.
- Hierarchische Strukturen und die darin eingebundene persönliche Verantwortung (Weisungsgebundenheit).
- Die bewusste Einstellung, dass für die Vermittlung wichtiger Dinge, Vorgaben, Anweisungen und deren Umsetzung notwendig sind.
- Die naturwüchsige Selbstverständlichkeit und Gewohnheit, sich selbst (seine Person) als Maßstab zu setzen.
- Die Lust am Vermitteln, „wo es lang geht", die damit verbundene Selbstaufwertung, das Gefühl der Wichtigkeit, aber auch einfach die Lust an Machtausübung. Das in der Gesellschaft vorherrschende Menschenbild, in der das Bestimmen von Menschen über Menschen, aber auch von Strukturen und Sachzwängen über Menschen, vorherrschend ist und wo natürlich „Offen lassen" im Sinne von Zulassen, selber entwickeln und Selbstbestimmen, schwer denkbar ist.

Die Methode des Offenlassens bezieht sich – das muss hier eingrenzend erwähnt werden – auf eine bestimmte Phase des professionellen und auch allgemeinen zwischenmenschlichen Umgangs. Es handelt sich hier um ein Zurechtrücken von Schwerpunkten, um die Aufhebung einer Verkürzung oder Vernachlässigung, nicht um eine weitgehende oder gar ausschließliche Anwendung dieses Prinzips. Dann nämlich könnte „Offen lassen" zum „Überlassen" und „Alleinlassen" werden. Wichtig ist hier die zeitliche Reihenfolge: Zu einem späteren Zeitpunkt kann es durchaus notwendig sein, Standpunkte zu beziehen, Ziele zu betonen und sich auch offensiv auseinander zu setzen.

Methodische Empfehlung: „Offen lassen"

- halte dich zurück,
- lass zu, traue zu,
- stelle öffnende Fragen (Wie-/Was-Fragen),
- lass Gedankengänge und Entwicklungen zu (auch wenn sie nicht mit Deinen übereinstimmen),
- unterstütze solche Entwicklungen durch Nachfragen.

5. Erkenntnis und Handeln

5.1 Handlungsorientierung – Erkenntnis und Handeln im Alltag

Das Konzept „sich am Jugendlichen orientieren“ ist ein alltagsorientiertes Handlungskonzept. Damit meine ich, dass es dazu beitragen soll, Alltagshandeln zu qualifizieren. Praktiker erachten es oft als wichtig und sind stolz darauf, aus dem „Bauch heraus“ spontan zu handeln. Damit demonstrieren sie selbstbewusst, im schwierigen Alltagsgeschäft zu wissen, was jeweils zu tun ist. Positiv daran ist diese selbstbewusste Selbstverständlichkeit des Handelns in schwierigen Situationen.

Diese Selbstverständlichkeit, mit der sie sich zum Maßstab machen, hat dabei eine kritische Kehrseite. Sie handeln (nur) nach ihrem „persönlichen Konzept“ (s.o.). Die Selbstverständlichkeit, mit der sie sich zum Maßstab machen, wird dann oft der Vielschichtigkeit und Komplexität des Alltags und den doch sehr unterschiedlichen Menschen (z.B. Unterschichtklientel, Migrationshintergrund, geschlechtsspezifische Fragestellungen etc.), mit denen wir es zu tun haben, nicht gerecht.

Wesentlich für die hier versuchten theoretischen Ausführungen ist der Widerspruch zwischen der Selbstverständlichkeit und „Natürlichkeit“ des Alltagshandelns und der Notwendigkeit, diese als „Ideologie verdächtig“ und Normen geleitet zu hinterfragen. Dazu soll noch einmal an Karel Kosik angeknüpft werden[12], um sodann Kosiks Überlegungen in Bezug zum Konzept „sich am Jugendlichen orientieren“ zu setzen. Dabei ist es mir wichtig, dass die Selbstverständlichkeit des Handelns „aus dem Bauch heraus“ erhalten bleibt, allerdings konzeptionell qualifiziert. Wie das geschehen kann, wird am

12 Kosik, K. Dialektik des Konkreten, Frankf./M 1971

Schluss dieses Kapitels Schritt für Schritt und an Beispielen dargestellt.

Der Alltag, das was wir erleben, ist pseudokonkret. Im Alltagsbewusstsein erscheint die Welt nicht als menschliche Schöpfung, sondern als Fertiges, Unhinterfragbares, als Gegebenes, worin sich der Einzelne zu fügen hat. Schwierigkeiten der Gesellschaft zeigen sich als Unzulänglichkeit des Einzelnen. Die erlebten Ereignisse im Alltag sind jedoch nicht die Wirklichkeit, obwohl sie als solche erscheinen ... Wirklichkeit ist die Einheit von diesen Erscheinungen und dem Wesen (z.B. die kapitalistische Grundstruktur der Vergesellschaftung mit seinen Folgen für den Einzelnen). Die Erscheinung zeigt das Wesen, aber verbirgt es zugleich. Diesen Alltag in seinen Erscheinungsformen bezeichnet Kosik als abstrakt und pseudokonkret. Er ist in seiner „Pseudokonkretheit" zu zerstören und auf „den Begriff zu bringen". Es ist das Aufsteigen von Abstrakten zum Konkreten, von der chaotisch erlebten Wirklichkeit über tägliche Auseinandersetzungen zur begriffenen Wirklichkeit. Diese Wirklichkeit ist als dialektische Einheit zu sehen. Die eine Wirklichkeitsdimension (Erscheinung) ist der anderen (Wesen) nicht über- oder untergeordnet. Das Teil bestimmt das Ganze und umgekehrt; beides ist untrennbar „verwoben". Auch in der pseudokonkreten Vorstellung des Alltäglichen ist im Schein ein Entwurf, eine Ahnung vom Wesentlichen enthalten. Diese Ahnung vom „Besseren" muss also im Prozess des „Zerstörens", in der Konfrontation oder Provokation erlebt und erhalten werden. Beides – „Überwinden" und „Erhalten" („Aufheben") – findet statt in Prozessen des Hinterfragens, in kritischen Diskursen, als Selbsterkenntnis oder -aufklärung.

Was bedeuten diese Überlegungen für unser Konzept?

Wenn die pseudokonkrete Alltagsvorstellung das geläufige Denken, die chaotischen Alltagserlebnisse, bereits ein Entwurf vom „Wesentlichen" enthalten, dann ist die Alltagswirklichkeit unserer Kinder und Jugendlichen sehr ernst zu nehmen. Dann enthalten auch ihre „chaotischen Erlebnisse" einen Bezug zu wesentlichen Zusammenhängen, zu einer veränderten Zukunft. Dieses Ernstnehmen begründet den Konzeptbegriff *„prinzipielle Akzeptanz des Soseins"*.

Diejenigen, um die es jeweils geht, Kinder, Jugendliche oder Erwachsene, müssen nicht nur ihre Themen zum Ausdruck bringen können, sondern sie müssen prinzipiell ernst genommen werden, da sich *nur* hier die Anknüpfungspunkte finden für eine verbesserte Zukunft.

Dies geschieht in den von uns so genannten *„Ereignisschilderungen"*. In ihnen wird *„Wesentliches"* angedeutet und gleichzeitig wieder verborgen. Die *„Bedeutungsträger"* sind eine Bündelung bedeutungsvoller Inhalte. In den Ereignisschilderungen zeigen sich Widersprüche zwischen den drei Bereichen *Verbal – Verhalten – äußere Bedingungen.* Sie liegen im Bereich des *„Pseudokonkreten"* zwischen „Wahrheit" und „Täuschung". Nach den Methoden des Konzeptes sind sie ernst zu nehmen und „gleichzeitig" und *„gleichwertig"* zu beachten. Erwartungen, Befindlichkeiten, Vorschläge, Zielsetzungen sowie Lösungsversuche werden zum Ausdruck gebracht und wieder verworfen. Grenzen (äußere Bedingungen) zeigen sich über die Eltern, Lehrer, Freunde, Geld, Ausgehzeiten, Schulpflicht etc. Bei komplexen Sachverhalten sind dies eine Vielzahl von Aspekten und Widersprüchen. Hier heißt es dann für die PädagogInnen *„dran zu bleiben",* was die Betroffenen u.U. als *„bedrängen"* empfinden. Es ist aber ein Bedrängen mit eigenen Widersprüchen. Dadurch unterscheidet sich Bedrängen von *„Druck machen",* das von außen (Eltern, Lehrer etc.) stattfindet. In einem solchen *„Bedrängen"* liegt eine Konfrontation mit der eigenen erlebten Wirklichkeit. Aus dieser Klärungsphase ergeben sich weiter reichende Erkenntnisse über die erlebte Wirklichkeit. Es ist der Weg zum „Wesentlichen" (Kosik).

Das Wesentliche ist nach unserem Konzept die *„Zentralorientierung der Erkenntnis",* aus der sich dann die *„Handlungsorientierungen"* ableiten. Wesentliche Punkte werden erkannt, oft im Sinne eines ‚Aha-Effektes'. Plötzlich kommt Klarheit in das Gewirr der widersprüchlichen Gedanken und Gefühle. Sie sind auf einen zentralen Punkt gebracht und werden sinnlich konkret erlebt, auf eine neue Weise konkret. Dies ist nach Kosik „Aufsteigen vom Abstrakten zum Konkreten". Das Abstrakte ist das Unbegriffene, Wirre und Widersprüchliche, „Pseudokonkrete", nicht falsch aber auch nicht richtig, eben „Dämmerlicht der Wahrheit" (s.o.). Solche zentralen Erkenntnisse von wesentlichen Punkten haben etwas Befreiendes. Es ist oft so befreiend, dass manche glauben, die Dinge wären nun gelöst und sich, für die Beratung bedankend, verabschieden wollen. Was aber noch fehlt ist der Bezug zum Handeln, die „Zentralorientierung des Handelns", oder kurz die „Handlungsorientierungen".

Handlungsorientierungen sind auf Umsetzung gerichtet. Konkret ist anzugeben, was zu tun ist. Hier wird gerne ausgewichen, verschoben und vermieden. Das liegt an bestimmten Merkmalen des Handelns.

- Handeln ist für andere gut wahrnehmbar.
- Mit Handeln veräußere/vergegenständliche ich etwas, zeige/gebe etwas von mir.
- Ich bin damit der Bewertung anderer ausgesetzt und kritisierbar.
- Damit ist Handeln stärker risikobelastet.
- Das Produkt von Handeln ist unwiderrufbar, es kann nicht mehr zurückgenommen werden.
- Handeln heißt mehr Verantwortung und eine andere Art der Verantwortung.
- Handeln ist immer „einfach" (man kann nicht kompliziert handeln).
- Beim Handeln besteht von daher die Notwendigkeit, die in Gedanken mögliche Vielfältigkeit (z.B. von Lösungsmöglichkeiten) zu reduzieren.
- Handeln ist immer mit einer Entscheidung verbunden.
- Handeln ist immer auf Gegenwart bezogen, aber mit Folgen für die Zukunft.
- Handeln ist abhängig von Gefühlen, Motivationen und Denken.
- Handeln kann umgekehrt Gefühle und Denken bestimmen.
- Wichtig: Handeln ist organisierbar – Gefühle nicht[13].

---

13 (Aus letztem Punkt ergäbe sich eine interessante Handlungsorientierung: Organisieren von Handlungen, anstatt sich mit langwierigen Gefühls- und Beziehungsklärungen abzumühen).

Handlungsorientierung und Impuls-Symbole

Handlungsorientierungen sind Leitlinien für das Handeln. Um diesen Anspruch zu erfüllen, müssen es kurze, konkrete Handlungsanweisungen sein, die so klar und deutlich sind, dass der Betreuer sie ohne weiteres im Kopf behalten kann, um sie in seinem schwierigen Alltag parat zu haben. Sie sollen impulsgebend für das Handeln sein (Impuls). Sie sollen aber auch in ihrer Formulierung die vorangegangenen Reflektionen symbolisch verdichten (Symbol). So entstand der Begriff *„Impuls-Symbol"*.

> Impuls-Symbole sind:
>
> 1. kurz formulierte, gut merkbare Anweisungen (Impulse),
> 2. der reflektierte Zusammenhang muss trotzdem enthalten sein (Symbol).
>
> Der „Impuls" löst das Handeln aus.

Das „Symbol" bezieht sich auf den reflektierten Zusammenhang.

Beispiele:

Im Folgenden werden Beispiele aus Beratungsprozessen geschildert, die mit „Impuls-Symbolen" endeten. Auf eine ausführliche Darstellung der Prozesse wird hier verzichtet.

- Eine Kollegin erlebte bei einem Jugendlichen, dass er sie immer „klein redete". Sie macht die Erfahrung, wenn sie aufsteht, sich also aufbaut vor ihm, besser klarkommt.
  Impulssymbol: Aufstehen
- Ein Kollege äußert während der Beratung mehrmals: „Da ballt sich bei mir die Faust in der Hosentasche". Dies wird zum „Bedeutungsträger". Eigentlich will er im übertragenen Sinne mit „der Faust auf den Tisch hauen".
  Impulssymbol: Faust
- Eine Kollegin will jemanden bei übergriffigen Verhalten „die rote Karte zeigen".
  Impulssymbol: Roter Punkt (malt ihn auf den Fingernagel)

- Impulssymbol: den ersten Satz formulieren, Vorformulieren eines Einstiegssatzes bei schwierigen Gesprächen.
- Impulssymbol: Zurechtlegen. Eine Kollegin stellt fest, dass es für sie sehr hilfreich ist, ihre vorbereiteten Papiere in einer bestimmten Weise zurecht zu legen.
- Impulssymbol: Ausrufungszeichen. Eine Kollegin klebt ein Ausrufungszeichen auf den Telefonhörer, um ihr vorschnelles sozialarbeiterisches Handeln zu kontrollieren.
- Impulssymbol: sich melden. Eine Schülerin hat Verständnisschwierigkeiten in Physik, traut sich nicht Fragen zu stellen. Sie nimmt sich vor, mindestens einmal in der Stunde eine Frage zu stellen.

Zu erinnern ist nochmals, dass solche Impulssymbole Ergebnis von Reflexionsprozessen und Impulsgeber für das Handeln sein sollen.

5.2 Stimmigkeit einer Handlungsorientierung

Um stimmig zu sein, muss eine Handlungsorientierung zwei Bedingungen erfüllen:

- persönlich stimmig: für mich durchführbar
- inhaltlich stimmig: etwas Sinnvolles bewirken wollen.

Es werden manchmal sehr anspruchsvolle und weit reichende Handlungsorientierungen erarbeitet, die handelnde Personen überfordern können. Solche Erscheinungen können mit der jeweiligen Situation im Team, Gruppendruck, soziale Erwünschtheit und die Scheu, „kleine Ziele“ zu formulieren, zusammenhängen. Solche Handlungsorientierungen sind dann „persönlich nicht stimmig“. Es gibt jedoch auch das umgekehrte Phänomen, dass Handlungsorientierungen durchführbar, aber inhaltlich banal sind. Man gibt sich mit inhaltlichen Minimalzielen zufrieden. Dann ist die Handlungsorientierung „inhaltlich nicht stimmig“.

Herstellen von Stimmigkeit: Konkretisieren – Realitätsüberprüfung

Unstimmigkeiten können durch ein sehr weitgehendes Konkretisieren deutlich gemacht werden. Dies lässt sich herstellen mit konkretisierenden Fragen:

Wann, was genau und wie gemacht werden soll, zu welcher Zeit, mit welchen Schritten, in welchen Situationen, mit welchen Personen usw.

Die Realität soll bereits im Beratungsprozess so weit wie möglich einbezogen werden. Dies kann durch Rollenspiele, Skulpturen, Nachstellen bestimmter Situationen u.Ä.m. geschehen. Die beste Prüfung ist natürlich die Realität selbst. Teams sollten regelmäßig die erarbeiteten Handlungsorientierungen auf ihre „Stimmigkeit" in der Praxis, also auf den beabsichtigten Erfolg hin, überprüfen (kollegiale Kontrolle).

Die „offene Runde"

In der Kollegialen Beratung (s. Teil II) soll, nachdem eine „Handlungsorientierung" erarbeitet ist, nochmals eine „offene Runde" stattfinden, um die „Stimmigkeit" zu überprüfen. Solche Stimmigkeitsüberprüfungen sind eine wertvolle Hilfe und modifizieren in der Regel die vorhandenen Handlungsorientierungen.

6. Reflexionsprozesse

Um nach einem Konzept zu handeln, muss man sich vor oder sogar während des Handelns Gedanken machen. Deshalb sind begleitende Reflexionsprozesse und Diskurse mit Jugendlichen, im Team und in der Familie notwendig. „Dafür gibt es kaum Zeit“ sagen die Praktiker. Manche sind stolz, spontan „aus dem Bauch heraus“ zu handeln. Konzeptionelle Überlegungen seien zu „theoretisch“, da sie der Praxis nicht gerecht würden[14]. Aber ein nur „Aus-dem-Bauch-heraus-Handeln“ ist in höchsten Maße ideologieverdächtig. Unausgegorene persönliche Meinungen, Normen und Wertvorstellung sind dann bestimmend. Konflikte, die daraus entstehen, erfordern erheblich mehr Zeit und Nerven, um alles wieder ins Lot zu bringen als konzeptionell ausgerichtetes Arbeiten. Spontane, gefühlsmäßige Reaktionen reichen also nicht aus.

Ohne theoretische Bezugspunkte lassen sich die vielfältigen und diffusen Erlebnisse des Alltags nicht verstehen, einordnen und strukturieren. Verständlich sind solche abwehrenden Reaktionen, weil konzeptbezogene Reflexionsprozesse herausfordernd sind und weil sie persönliche Haltungen in Frage stellen.

Zugegeben ist es schwierig, in Alltagsprozesse verwickelt zu sein und dabei an ein Konzept zu denken. Das Konzept „sich am Jugendlichen orientieren“ soll hier eine Hilfe sein. Am besten ist, wenn die Methoden so „verinnerlicht“ sind, dass man spontan, aber qualifiziert – quasi wie „aus dem Bauch heraus“ – handeln kann.

14 Es mag zwar eine Überheblichkeit der „Theoretiker“ geben, gegen die solche oder ähnliche Äußerungen sich richten, aber es gibt offenbar auch eine Borniertheit der „Praktiker“, die sich in solchen Aussagen zeigt.

Das eigene Tun immer wieder zu reflektieren, mit sich, mit anderen im Team, in der Familie, mit Beratung mit den Jugendlichen, ist kurz gesagt unumgänglich.

Innere Bereitschaft

Das Konzept verlangt, sein Verhalten nach „Zentralorientierungen“ aus zu richten. Dies erfordert eine innere Bereitschaft. Es beinhaltet jedoch auch die Notwendigkeit, mögliche andere Gesichtspunkte hintanzustellen. Solche Punkte können sein:

- Erwartungen der Eltern,
- Erwartungen der Schule,
- Erwartungen des Jugendamtes,
- Erwartungen der gesellschaftlichen Umgebung,
- Erwartungen, die sich aus den persönlichen Konzepten, Normen und Wertvorstellungen der Betreuer selbst ergeben.

In ungünstigen Situationen kann es bedeuten, die letztgenannten Erwartungen von Dritten nicht erfüllen zu können. Dennoch durchzuhalten erfordert Mut, Risikobereitschaft und überzeugende Kompetenz, wenn man bedenkt, dass solche Erwartungen oft aus Bereichen kommen, die über Aufenthalt, Finanzierung, Fördermittel, Schullaufbahn und Ausgangsregelungen entscheiden.

Besonders schwierig ist es, wenn Fachkräfte mit ihren persönlichen Vorstellungen in Widerspruch geraten,wenn also die Vorgabe einer *„Zentralorientierung“* der eigenen inneren Einstellung widerspricht.

Ein Beispiel:

Die Stärke einer Betreuerin liegt hauptsächlich im pragmatisch-organisatorischen Bereich. Sie ist äußerst fix, wenn es etwas mit Wohnungen zu regeln gibt, mit Behörden, Antragstellungen, Konfliktregelungen in der Schule u.Ä. Die Zentralorientierung gibt vor, sich gerade in diesem Bereich zurückzuhalten, um dem Jugendlichen nicht die Lernchancen in der Realität zu nehmen. Für die Betreuerin ist dies schwer auszuhalten.

Ein weiteres Beispiel:

Ein Betreuer hat seine Stärken vorwiegend im Herstellen persönlicher Beziehungen in problemorientierten, analysierenden Gesprächen. Er gerät immer wieder gegenüber den Jugendlichen in individual-psychologische Erklärungen und Problematisierungen. Bei Jugendlichen, die dem ausweichen oder in solchen Situationen sogar aggressiv werden („jetzt kommt er wieder mit seinem therapeutischen Blick" - Originalton einer Jugendlichen), wird dies als Abwehr interpretiert. Durch das „persönliche Konzept" des Betreuers, durch seine Stärken, kommt es ausschließlich zu einer Orientierung im individuell subjektiven Verhaltensbereich. Vernachlässigt werden die Anforderungen aus den äußeren Bedingungen. Es ist für den Betreuer schwierig und verunsichernd, sich diesen Anforderungen zu stellen, die pragmatische Organisation des Alltags einzubeziehen, mit Institutionen zu verhandeln, einen zügigen Schriftverkehr zu führen und entsprechend der Alltagsrealität aufzutreten.

Ein drittes Beispiel:

Eine Erzieherin im Kinderladen ist Vegetarierin. Schon der Anblick von Fleisch ist ihr zuwider. Sie rümpft gegenüber Fleisch essenden Kindern die Nase, macht abfällige Bemerkungen. Manche Kinder sind verunsichert und haben ein schlechtes Gewissen, wenn sie sich ein Schnitzel greifen wollen.

Im Grunde kommen alle Menschen, wenn sie das Konzept „Sich am Jugendlichen orientieren" umsetzen wollen, in solche oder ähnliche Situationen. Unter dem Anspruch, verbale Äußerungen, Verhaltensäußerungen und die äußeren Bedingungen gleichzeitig und gleichwertig zu behandeln, heißt es dann, seinen eigenen Maßstab zurückzustellen, sich mit ungewohnten Vorstellungen beschäftigen zu müssen. Gewohnte (persönliche und professionelle) Routinen werden dadurch infrage gestellt. Es kann durchaus sein, dass sich alte Verhaltensmuster wieder durchsetzen. Notwendig ist, offen zu sein, sich hinterfragen zu lassen und umzulernen. Diese Bereitschaft hat eine hohe Bedeutung für ein subjektorientiertes Handeln. Es ist nicht nur eine Sache der Methode, sondern berührt eine menschliche Grundeinstellung. Es heißt, auf Machtausübung zu verzichten.

Innere Suchhaltung

Aus der „inneren Bereitschaft“ ergibt sich die „Innere Suchhaltung“. Es bedarf einer „suchenden Einstellung“, um Zusammenhänge aufzudecken, Annahmen zu bilden, aufmerksam hinzuschauen, zu fragen und Zentralorientierungen zu formulieren. Dies ist ein kritischer Punkt im Alltagsgeschehen. Denn es ist nie ganz klar, ob die Personen ausreichend innerlich beteiligt waren und alle Möglichkeiten durchgegangen sind, also „gesucht“ haben, ob sie Zentralorientierungen mit suchendem Engagement oder mit innerer Minimalbeteiligung gebildet haben. Aber: Die „Innere Suchhaltung“ ist der emotionale dynamische Antrieb für die Reflexion und Voraussetzung, dass der Umgang mit anderen gelingt.

Reflexion des Einzelnen

In einem Seminar mit mehreren KollegInnen wurde diskutiert, wie sich Reflexionsprozesse im Alltag unterbringen lassen. Erschreckend war die Feststellung, dass dazu kaum Gelegenheit besteht. Kontinuierlich und in zusammenhängender Weise finden sie so gut wie nie statt. Es sind eher bruchstückhafte Gedankenfetzen, die sich kurz aufdrängen, aber wieder verloren gehen. Es gibt eine Reihe von Störfaktoren, die die Reflexion immer wieder unterbrechen. Dies wird von allen als äußerst unbefriedigend erlebt.

Um dem entgegenzuwirken, müssen auf institutioneller Ebene Voraussetzungen für konzeptionelles Arbeiten geschaffen werden. Dazu gehören z.B. eine angemessene Einarbeitung, Fortbildung und Zeit für kontinuierliche Reflexion einzuräumen.

Manchmal behindern die vorhandenen hierarchischen Strukturen die Fachkräfte an einem konzeptionellen Vorgehen. In eskalierenden Situationen können sie sich nicht ausreichend den Jugendlichen widmen und mit ihnen Lösungen erarbeiten, weil sich andere Entscheidungsträger (Vorgesetzte, Jugendamt, Polizei) – zu früh, zu stark bzw. überhaupt – einmischen. Hier dominieren dann plötzlich die „machtvollen“ äußeren Bedingungen und es wird die „gleichzeitige“ und „gleichwertige“ Einbeziehung der anderen Bereiche vernachlässigt.

Ein weiterer hinderlicher Punkt kann mangelndes Zutrauen zu sich selbst sein. Möglicherweise sind es gar nicht die äußeren Dinge, die den Reflexionsprozess stören, sondern das fehlende Zutrauen zu sich selbst, auf „innere Suche“ zu gehen, sich auf einen reflexiven Dialog mit sich selbst einzulassen, die Scheu, sich darüber mitzuteilen. Es ist die Angst, vermuteten theoretischen Ansprüchen nicht zu genügen, kritisch hinterfragt zu werden und nicht standhalten zu können. Es kommt zu vorsichtiger Zurückhaltung, Absichern, Filtrieren und unkritischem Ausrichten an sozial Erwünschtem.

Verstehen heißt „innere Suche“, Zutrauen zur eigenen Reflexionsarbeit und Offenheit in der Darstellung, offenes Mitteilen seiner Gedanken und Gefühle.

Reflexionsprozesse werden oft umgangen, vermieden, verschoben mit der Selbstberuhigung, die Sache später grundsätzlich zu durchdenken, wenn man mehr Zeit hat. Das ist Wunschdenken. Die Zeit zu beschaulichen Reflexionsphasen gibt es im professionellen Alltag nie. Man muss die Bedingungen dazu bewusst schaffen.

Es gibt auch Situationen, wo man sich unnötigerweise in Geschehnisse verwickeln lässt. Das ist nicht immer nützlich, sondern kann auch schaden. Abstand nehmen, sich in reflexive Distanz begeben, sich eine reflexive Pause gestatten, kann Zeit sparen, nervliche Belastung reduzieren und effektiv sein. Es ist die Fähigkeit, sich ’rauszuhalten und dies auch aushalten zu können.

Reflexion im Team

Für die Reflexion im Team ist der individuelle Dialog mit sich selbst eine wichtige Voraussetzung. Die Reflexion mit sich selbst hat jedoch Grenzen durch persönliche Betroffenheit und Befangenheit; es gibt u.U. Widersprüche mit den eigenen Vorstellungen, Normen und Werten.

Das Teamgespräch hat hier eine wichtige Funktion. Es ist mehr als ein Meinungsaustausch. Team wird hier als Methode der kollektiven Reflexion gesehen. Es dient zur theoretischen Absicherung und Qualifizierung persönlicher Handlungskonzepte. Damit dies gelingt, muss das einzelne Teammitglied Rückhalt im Team haben, Gelegenheit haben, sich offen und ungeschützt mit seinen Gefühlen und Gedanken darzustellen. Das Team muss dies unterstützen, fördern, Rückmeldungen und Impulse geben und die Gestaltung des persönlichen Handlungskonzepts dabei so weit wie möglich in der Autonomie des Einzelnen belassen. Der Einzelne muss jedoch umgekehrt bereit sein, vom Team eindeutige Empfehlungen und, wenn es sein muss, auch Entscheidungen anzuerkennen.

Erschwernisse für die Reflexionsarbeit

Rollenvielfalt

Ein Team besteht aus gleichgestellten Mitgliedern. Ein Umwechseln in verschiedene Funktionen und Rollen wie Berater, Diskussionsleiter, strukturierend Eingreifender oder Referierender ist schwierig. Solche verschiedenen Funktionen sollten nicht zufällig und nicht personenfixiert wahrgenommen werden, sondern reihum, bewusst, schnell und unkompliziert. Es erfordert sich in verschiedenen Funktionen zu exponieren und sich in dieser Flexibilität zu üben.

Lange Ereignisschilderungen

In der Regel nehmen im Ablauf eines Teamgespräches die Ereignisschilderungen einen zu großen Anteil ein. Es werden immer wieder neue Erlebnisse und Ereignisse angehängt, nicht selten auch von den Teamkollegen, die damit ihre Beratungsfunktion aufgeben. Das kann an der persönlichen Betroffenheit bei den Ereignissen und Erlebnissen, nicht ausreichender Vorbereitung, mangelnder Teamdisziplin und geringer Konzeptsicherheit im Team liegen.

„Reflexive Arbeitsteilung“

Es kann auch zu einer ungünstigen „reflexiven Arbeitsteilung“ kommen. Das Teammitglied, das die „Ereignisse“ schildert, soll seine Sicht der Zusammenhänge, seine konzeptionellen Annahmen, seine eigenständigen Reflexionen, sein Handlungskonzept darstellen.

Dieser Schritt ist der schwierigste, weil es um ein Offenlegen von Gedanken und Gefühlen geht. Oft besteht die Neigung, die Ereignisschilderungen zu „strecken“, um die Darstellung des eigenen Handlungskonzeptes dadurch zu umgehen. Konzept – orientierte Reflexion wird dann immer mehr zum Part der TeamkollegInnen. Von den Ereignissen nicht so betroffen und verwickelt, fällt es ihnen leichter, sich darauf zu konzentrieren. Sie stellen in Frage, machen Vorschläge, empfehlen, und am Schluss entsteht ein vom Team empfohlener „Arbeitsauftrag“ mit zu geringem Eigenanteil des betroffenen Kollegen. Die Folgen erleben wir dann im Alltag: Kollegen mit zu geringer Eigenreflexion; ihrer Arbeit fehlt es in der Praxis an der nötigen Autonomie. Sie brauchen zu häufig Rückversicherungen von den Teamkollegen.

Beziehungsdynamik

Die Beziehungsdynamik in einem Team hat einen großen Einfluss auf die Reflexionsprozesse. Persönliche Allianzen, Sympathien und Antipathien, Bestätigungen, Profilierungsabsichten, Dominanzen, Ablehnung und Unterordnung, Bevorzugungen und Nichtbeachtungen können Reflexionen hindern, stören oder ganz aussetzen. Hier gilt einer Überforderung des Teams aus diesem Bereich vorzubeugen, sich der Bedeutung „Team als Methode“ für die Arbeit bewusst zu werden und gegebenenfalls Beratung von außen anzufordern

Beratung/Supervision als Teil des Reflexionsprozesses

Die bislang ausgeführten Anforderungen an Reflexion sind vom Einzelnen und vom Team nicht immer alleine zu erbringen. Es sind manchmal sehr verschiedenartige Anforderungen: offene Schilderung, Abstrahieren, Strukturieren des Reflexionsprozesses, angemessene Kommunikationsformen, Achtgeben auf die Beziehungsdynamik, Konzeptorientierung, allseitige Erörterung unter Beachtung notwendiger Handlungspragmatik und zeitlicher Begrenzung. In den oben vorgegebenen Reflexionsablauf empfiehlt es sich, Beratung zu integrieren.

Die kommunikativen Beziehungen machen einen wichtigen Teil der Beratung/Supervision aus, der von den KollegInnen selbst nicht geleistet werden kann. Er bezieht sich auf die interaktionellen und interpersonellen Ereignisse zwischen Betreuer und Jugendlichen, mit den persönlichen Auswirkungen und Betroffenheiten, aber auch auf die Ereignisse zwischen den BetreuerInnen.

Beratung/Supervision erfolgt ebenfalls nach dem Konzept *„sich am Jugendlichen orientieren“*. Auch hier wird Wert auf praxisbezogene Handlungsorientierungen gelegt. Persönliche Befindlichkeiten und Beziehungsdynamik zwischen den Betreuern werden beachtet, sollen aber nicht zu sehr in den Mittelpunkt geraten. Es geht darum, am Jugendlichen orientierte Reflexionen möglichst optimal zu verwirklichen und nicht in psycho-dynamische Gruppenprozesse zu versinken. Die Beratung/Supervision muss zu *„Handlungsorientierungen“* führen, die auf *„Stimmigkeit“* überprüft. Für die BeraterInnen sind dabei Kenntnis des Arbeitsfeldes und Konzeptsicherheit notwendig. Diese ergibt sich über gemeinsames Erarbeiten des Konzeptes durch Team und BeraterInnen und inhaltlich-fachliche Auseinandersetzungen. Die BeraterIn ist dabei mit ihrem eigenen persönlichen Standpunkt gefordert. Sich ‚raus zu halten’ und sich auf eine rein beratende Position zurückzuziehen, ist nicht möglich. Beratung und Supervision ohne persönlichen Bezug zum Arbeitsfeld erscheinen aufgrund der bisher gemachten Erfahrung immer zweifelhaft- und wenig erfolgversprechend.

Reflexion im Bereich der Jugendlichen

In der bisherigen Darstellung ging es um die Orientierung an anderen Personen, z.B. Kinder oder Jugendliche. Es wurden methodische Empfehlungen an die BetreuerInnen, LehrerInnen und Eltern gegeben.

Die inneren Vorbereitungen und methodischen Bemühungen der BetreuerInnen erfahren die Jugendlichen zunächst nicht. Sie erfahren nur das Ergebnis als verändertes Verhalten oder als veränderte Organisationsform. Das kann positiv wie negativ befremdlich sein, als Kontrast zum bisher gewohnten Erwachsenenverhalten erlebt werden und Folgen für den Umgang des Jugendlichen mit sich selbst haben.

a) Selbstreflexion im Umgang des Jugendlichen mit sich selbst

Je nach Vorerfahrung, ob Jugendliche von zu Hause oder aus einem Heim kommen oder auch in ihrer Familie betreut werden, ob sie behütet, unterdrückt, gemaßregelt, vernachlässigt, bevormundet, relativ selbstständig oder unselbstständig sind, hat ein Subjekt orientiertes Vorgehen unterschiedliche Wirkungen bei den Jugendlichen.

Kinder/Jugendliche nutzen neue Chancen, ‚schlagen gegebenenfalls auch über die Stränge', sind überfordert oder fühlen sich den neuen Realitäten zunächst nicht gewachsen. In der Regel geraten die Jugendlichen in Widersprüche verschiedenster Art. Die Möglichkeit des unkontrollierten freien Ausgangs in einer Wohnung oder zu Hause in der Familie bringt sie in Schwierigkeiten mit dem Aufstehen und damit mit dem Schulbesuch. Die ungewohnte Wohnungsnutzung führt vielleicht in Konflikte mit den Nachbarn und Vermietern. Die Eigenverantwortung für das zugeteilte Geld bringt sie in Schwierigkeiten mit der eigenen Versorgung.

Erst bei der Zuspitzung solcher Widersprüche begreifen sie, dass hier keine zurechtweisenden, ordnenden, kontrollierenden Instanzen mehr sind, gegen die man sich (ersatzweise) auflehnen könnte, sondern dass die Regelung nun wirklich in der eigenen Verantwortung liegt. Hier beginnt dann der erste veränderte Umgang mit sich selbst. Es tauchen Fragen auf, wie „was wird aus mir“, wenn ich die Schule nicht schaffe. Dass andere immer von meinen Vorräten leben, geht ja auf mein Geld; wie bekomme ich die Leute wieder los; was ist mit der Wohnung, flieg ich jetzt raus etc.?

Solche (oder ähnliche) Fragen leiten veränderte Selbstreflexionen ein, die sich aus dem Erleben von Widersprüchen ergeben. Die Jugendlichen erleben sie als ihre eigenen Widersprüche, als Konfrontationen, für die sie mit zuständig sind. Sie machen sich Gedanken, reflektieren über sich, alleine und zusammen mit anderen. Hier läuft untereinander, in der ihnen eigenen Art zu denken, sehr viel an Auseinandersetzungsprozessen ab. Gedanken, die in den Einzelgesprächen gegenüber den BetreuerInnen, Eltern oder LehrerInnen oft nicht „rüberkommen“. Dies muss nicht immer Misstrauen sein. Sie kommen gar nicht darauf, dass Erwachsene solche Dinge interessieren könnten. Sie sehen es als ihren Bereich, was man akzeptieren und wobei man ihnen vertrauen muss. Hier zu akzeptieren und zu vertrauen, ist nicht einfach, denn wenn die Widersprüche erlebt werden und es zu suchenden Klärungsprozessen kommt, heißt es noch nicht, dass die Dinge geradlinig oder in die vom Erzieher gewünschte Richtung verlaufen. Der wirklich ernst gemeinten Entscheidung, nun die Schule anzugehen, kann am nächsten Tag das Gegenteil folgen. Der Entschluss, mit dem bisherigen Alkoholgenuss aufzuhören, wird mit mehreren Bieren besiegelt. Es kommt immer wieder zu neuen Vorsätzen (ist das eigentlich nicht bei uns auch so?), neuen Anläufen, zur Verschärfung der Widersprüche. Solche Verläufe scheinen jedoch notwendig zu sein, um die eigene Zuständigkeit für sich selbst wirklich zu erleben. Wichtig ist es für die Jugendlichen auch, die BetreuerInnen, Eltern und LehrerInnen so zu erleben, dass sie ihnen diesen Erfahrungsprozess zugestehen, dass sie nicht immer gleich an die vereinbarten nicht eingehaltenen Absprachen erinnert werden. Erst mit der sich wiederholenden Gewissheit, für sich zuständig zu sein, kann dann auch Rat und Unterstützung von den Profis, Eltern, Lehrern eingefordert werden.

b) Reflexion BetreuerIn/Jugendliche

Die BetreuerInnen sind selbst „äußere Bedingung“ für die Jugendlichen und als solche den Widersprüchen der Jugendlichen mit ausgesetzt. Denn um ihre Erfahrungen mit den Erwachsenen überwinden bzw. um aus ihnen lernen zu können, wird mit den BetreuerInnen erst mal so umgegangen, wie sie es von früheren Einrichtungen, Schulen oder vom Elternhaus gewohnt sind.

Da wird versucht, alte Standards wieder herzustellen. Man möchte im Auto gefahren werden, weil es im Heim vorher auch so war. Da gibt es immer wieder Probleme mit dem Taschengeld, egal wie sachlich, klar und eindeutig das nun gemeinsam mit dem Jugendlichen geregelt wurde. Da wird das Zugestehen von Eigenverantwortung den BetreuerInnen als Untätigkeit ausgelegt. Versorgungs- und Hilfeleistungen werden angemahnt, wo man die Dinge durchaus selbst handhaben könnte. Da wird dann Angst, Unschuld und Hilflosigkeit demonstriert, um Schutz und Hilfe vor der Polizei und Gericht sicherzustellen. Die Jugendlichen sind oft äußerst pfiffig und trickreich. Die BetreuerInnen können dabei leicht „ins Schleudern“ kommen.

Die Orientierung am Konzept heißt nicht, dass damit der konstruktive Reflexionsprozess bei den zu Betreuenden schon eingeleitet ist. Im Gegenteil – Konfrontation ist zu erwarten. Dass dem Wunsch einer Jugendlichen, gefahren zu werden, nicht nachgekommen wird mit dem Hinweis, sie könne die öffentlichen Verkehrsmittel benutzen, löst u.U. wüste Beschimpfungen aus. Vorher im Heim sei es besser gewesen, da sei man ohne weiteres mit dem Heimbus gefahren worden. Wenn der Betreuer sie nicht fahren würde, würde sie sich ein Taxi nehmen. Und wenn sie dann kein Geld mehr hätte, sei er Schuld. Ein Betreuer wies eine Jugendliche darauf hin, dass es ihre Sache sei, wie sie das ihr zur Verfügung stehende Geld verbrauchen würde. Das mochte sie nicht nachvollziehen. Sie bestellte ein Taxi und fuhr davon, vorwurfsvoll und immer noch überzeugt, der Betreuer sei Schuld, dass sie nun auf diese Weise ihr Geld ausgeben musste.

In einem anderen Beispiel wird die Wohnung durch das Verschulden der Jugendlichen gekündigt. Weder alleine noch gemeinsam kommt sie der Suche nach einer neuen Wohnung nach. Dies sei Sache der BetreuerInnen, schließlich hätte man sie damals aufgenommen und in einer Einzelwohnung untergebracht und jetzt, wenn sie rausfliege, müsse man für sie eine neue Wohnung suchen. Für was sonst würden denn die BetreuerInnen bezahlt. Als es zeitlich enger wurde, machte sie den Betreuern massive Vorwürfe, dass sie nun auf der Straße sitzen würde.

Für den Schulbesuch braucht ein Jugendlicher eine Fahrkarte. Die Betreuerin will sie ihm besorgen, Missgeschicke ahnend. Der Jugendliche, empört über das Misstrauen, will dies selber tun. Es klappt nicht, das Geld ist weg. Er könne nun nicht zur Schule, eine neue Fahrkarte müsse her oder besser noch, er würde zur Schule gefahren. Ansonsten seien die Betreuer Schuld, wenn er seinem Schulbesuch nicht nachkäme.

Die Jugendlichen haben manchmal geradezu raffinierte Fähigkeiten, ErzieherInnen herauszufordern und in Frage zu stellen oder Zugeständnisse zu ‚erzwingen' (vgl. K. Wolf, Machtprozesse in der Heimerziehung). Einmal darin verwickelt, erzwingt ein Zugeständnis das andere und am Schluss entstehen dann die üblichen, die gewohnten Verhältnisse aus Elternhaus oder Einrichtung, denen mit nachträglich aufklärenden Gesprächen nicht mehr beizukommen ist. Manche Betreuungsverhältnisse, die sich am Anfang in diesem Sinne strukturiert haben, schleppen dann solche schwer revidierbaren „Altlasten" mit sich herum.

Notwendig ist, gleich von Anfang an vom Konzept und von den gegebenen Bedingungen her zu handeln. Das obige Beispiel mit der Jugendlichen aufgreifend, kann das bei der Wohnungsangelegenheit Folgendes heißen:

Eindeutige Klärung schon am Anfang, was es bedeutet, zuständig für die eigene Wohnung zu sein, nämlich verantwortlich für

- Gestaltung der Wohnung,
- Freiheiten und Verpflichtungen in der Nutzung
- Aufgaben, die sich im Hause ergeben, Hausordnung
- Umgang mit Nachbarn,
- Mietregelungen,
- Räumung und Renovierung bei der anstehenden Kündigung.

Es muss konkret geklärt sein, wer was zu tun hat und wo BetreuerInnen helfen und wo nicht. Hier in diesem Beispiel wurde gegenüber der Jugendlichen, die zu diesem Zeitpunkt 17 Jahre alt war, klargestellt, dass sie sich um eine neue Wohnung zu kümmern und die alte in Ordnung zu bringen hat, dass zwar Hilfeleistungen erbracht werden können, aber dass sie die „Federführung" hat. Jugendliche müssen dies jedoch nicht nur verbal erfahren, sondern auch real durch Verhalten. Verbale Vereinbarungen sind ihnen in der Regel zur Genüge bekannt. Meist jedoch wissen sie auch, dass, wenn es eng wird, ErzieherInnen, BetreuerInnen und auch die Eltern rumzukriegen sind und instrumentalisiert werden können. In diese Situation kommt auch die Betreuerin bei der o.g. Jugendlichen. Die Jugendliche fordert eine neue Wohnung, kümmert sich aber nicht darum. Die BetreuerInnen versuchen, konzept- und vereinbarungsgemäß, ihr die Suche nach einer neuen Wohnung zu überlassen. Dabei geraten sie unter Druck, denn R. kümmert sich weiter nicht darum, fordert vehement von der Betreuerin, dies zu tun. Verschärfend deutet sich an, dass R. tatsächlich demnächst ohne Wohnung auf der Straße sitzt. Kann man dies verantworten, menschlich gegenüber R., gegenüber dem Träger, dem Jugendamt? Muss man nicht doch die Wohnung bereitstellen?

Um dem Tag X vorzubeugen, wird sicherheitshalber schon einmal versucht, eine Wohnung in der Hinterhand zu haben. Damit ist genau das passiert, was eigentlich immer stattfindet. R. hat die Betreuerin so weit, dass sie für sie in ihrem Interesse tätig ist. Bevor sich jedoch die Angelegenheit in diesem Sinne endgültig regelte, wurde noch einmal im Team mit einer konzeptorientierten Beratung darauf eingegangen:

Die verbale Äußerung ist „Ich will hier bleiben und eine Wohnung haben".

Die Äußerung im Verhalten ist „Ich suche mir keine Wohnung".

Die äußeren Bedingungen sind, dass ohne Wohnung die Maßnahme wahrscheinlich beendet wird, die gerade angesteuerte und auch von R. gewollte berufliche Ausbildung gefährdet ist.

Was dann wird, ist unklar. Diese Widersprüche mussten ihr deutlich gemacht und real erlebbar werden. Es wurde keine Wohnung für sie gesucht, was schwer auszuhalten war für die Betreuerin und im Team auch skeptisch gesehen wurde.

Es bedeutete eine massive Konfrontation für R., aber auch eine sehr wichtige Auseinandersetzung für sie mit sich selbst. Sie konnte nun benennen, was es ihr eigentlich schwer macht, selbständig eine neue Wohnung zu suchen, zum Makler zu gehen, mit Vermietern zu reden usw. Diesen Teil der Selbstreflexion hatte sie bisher umgangen, indem sie Schuld und Verantwortung immer auf die Betreuer geschoben hat. Diesen Weg konnte sie sich jetzt nicht mehr leisten. Durch die Benennung dessen, was sie wirklich betrifft, konnte dann auch ein Reflexionsprozess mit der Betreuerin über diesen Problembereich stattfinden.

Dadurch kam es zu dem wirksamen Ergebnis. Sie konnte die Wohnungssuche nun in die Hand nehmen und auch anzeigen, zu was sie selber in der Lage ist und wo sie Unterstützung braucht. Sie behielt dabei die Federführung und hatte mehr selbstständig regeln können als vorher anzunehmen war. Sie hatte dann sogar zwei Wohnungen zur Auswahl, entschied sich für eine und wickelte die Anmietung bis zur Vertragsunterzeichnung eigenständig ab.

Durch die Anwendung der konzeptionellen Methoden wurden teilweise aggressive Auseinandersetzungen provoziert, die dann aber zu konstruktiven Reflexionsprozessen führten. Die *gleichzeitige* und *gleichwertige* Beachtung der drei Bereiche *Verbale Äußerung – Verhaltensäußerung – äußere Bedingungen* bringt in der Regel eine verschärfende Konfrontation mit sich. Es besteht die Neigung, solche Konfrontationen vermeiden zu wollen, indem man sich erst mit einem, zu einem anderen Zeitpunkt mit einem anderen Bereich beschäftigt.

Am obigen Beispiel zeigt sich dies zunächst in der verbalen Äußerung: „Ich will eine Wohnung“, dann später die Auseinandersetzung mit der Verhaltensäußerung, dass keine Wohnung gesucht wird, und am Schluss, als es ganz eng wurde, mit den äußeren Bedingungen, dass die Jugendliche ohne Wohnung auf der Straße sitzt. Ein solches Vorgehen ‚verführt' dazu, schließlich doch selbst eine Wohnung für die Jugendliche zu organisieren, um dann später alles wieder zu problematisieren und in einem von den realen Bedingungen entfernten Reflexionsprozess „aufzuarbeiten“. So gibt es dann immer etwas zu tun…

Die hier durch die Anwendung der konzeptionellen Methoden angesprochene Konfrontation war herausfordernd, auch anstrengend, aber gut. Sie ergibt sich aus der Orientierung am Jugendlichen, durch die gleichwertige und gleichzeitige Beachtung der Widersprüche, die der Jugendliche selbst produziert und die zu seinem Leben gehören. Es sind Widersprüche aus seiner Lebenswirklichkeit. An diesen Widersprüchen soll man von der Methode her *„Dranbleiben“*. Dadurch findet

„Bedrängen“ statt. Bei bedrängenden Reflexionsprozessen ist es empfehlenswert, nicht über das, was der Jugendliche selbst an Aussagen macht, hinauszugehen, methodisch *„im System des anderen bleiben“*. Das Aufdecken und Erleben eigener Widersprüche heißt für den Jugendlichen Auseinandersetzung mit sich und seiner Umwelt. Dazu gehört auch die Auseinandersetzung mit den BetreuerInnen. Aus der Konfrontation heraus kann sich eine positive Auseinandersetzung ergeben, aber auch Ausweichen, Rückzug und der Rückgriff auf alte Verhaltensmuster. Dies gilt auch für die BetreuerInnen. Auch hier besteht die Tendenz, auf alte Verhaltensweisen z.B. der Besänftigung oder der Konfliktvermeidung zurückzugreifen. Hier gilt es, standzuhalten im Gespräch, im Verhalten, in der Organisation des Alltags. Standhalten nicht nur hin und wieder als methodisches Highlight, sondern kontinuierlich als verinnerlichtes methodisches Vorgehen.

Bedrängende Reflexionsprozesse erfordern Fingerspitzengefühl und Augenmaß, ein „gewisses Maß“ der Konfrontation nicht zu überschreiten. Das Maß ergibt sich aus der Orientierung am Jugendlichen, nämlich aus den ihm zur Verfügung stehenden Möglichkeiten, die Widersprüche auszuhalten und zu bewältigen.

Von einem Jugendlichen, der nicht einmal in der Lage ist, eine Briefmarke zu besorgen, wird man nicht erwarten können, dass er sich eine Lehrstelle von der Bewerbung bis zur Vorstellung organisiert. Es bringt auch nichts, wenn der Jugendliche durch unsensibles Bedrängen sauer auf seine BetreuerInnen, Eltern oder Lehrer wird, ausweicht „flüchtet“ und nichts mehr mit ihnen zu tun haben will. Ein verantwortliches Einschätzen und Abwägen des Vorgehens ist also notwendig. Dazu ist das aufmerksame Beachten von *„Bedeutungsträgern“* sehr nützlich. Empfehlenswert ist bei solchen Prozessen das Abstimmen einer „Grundlinie“ des Vorgehens im Team und über Teamberatung.

Der Jugendliche muss die Möglichkeit haben, die aufgedeckten Widersprüche zu bewältigen, für sich daraus etwas zu begreifen. Begreifen heißt Einsicht gewinnen über sich, über Zusammenhänge, die ihn bestimmen. Hier liegt eine der wichtigsten Aufgaben der BetreuerInnen, Eltern oder Lehrer. Aufkommende Fragen bei den Jugendlichen, sporadische Gedanken, bereits vorhandene brüchige Reflexionsprozesse zu sehen, zu spüren, aufzugreifen, zu fördern, Impulse zu geben, darauf zurückzukommen, sensibel zu sein für solche manchmal sehr widersprüchlich in Erscheinung tretenden Prozesse der Auseinandersetzung mit sich selbst. Solche Selbstreflexionsprozesse lassen sich zumeist nicht auf einen Gesprächstermin fixieren oder beschränken. Möglichkeiten ergeben sich jedoch in großer Vielfalt in den Ereignissen des Alltags. Es wird leider zu wenig genutzt. Das liegt an verschiedenen Gründen:

- Am Dominieren anderer – zumeist organisatorischer – Aufgaben.
- An der Art wie sich Reflexionsmomente anbieten. Sie lassen sich nicht in die gewohnte Form eines „klärenden Gesprächs“ fassen. Sie bieten sich spontan, elementar an und müssen genauso genutzt werden. Es sind eher Reflexionsimpulse als Gespräche. Sie entsprechen aber mehr der Art der Jugendlichen.
- Durch die Erwartungen der Erwachsenen an schnelle Einsicht und sofortiges Begreifen. Man möchte zur Bestätigung seines Tuns gerne sofort einen gewissen Erfolg sehen. Das muss man sich abschminken. Die Jugendlichen scheinen skeptisch zu sein gegen diese Art von Erwartungen. Zu oft haben sie schon gehört: „das ist doch das Beste für dich, das musst du doch einsehen“, auch wenn es pädagogisch-psychologisch geschickter angestellt wird: „Was bedeutet das Gespräch nun für dich, welche Lehren ziehst du daraus?“

Manchmal zeigt sich, dass scheinbar gar nichts ankommt, um dann vielleicht nach Wochen oder Monaten festzustellen, dass ein kurzer Impuls doch beachtliche Auswirkungen für den inneren Dialog hatte.

Dazu ein kleines Beispiel:

Der Jugendliche Dirk kommt nach der Schule bei mir im Büro vorbei, weil er etwas für die Schule kopieren will. Dabei kommt er ins Reden oder besser gesagt ins Schimpfen über die Schule:

Dirk: *„Eh die Scheiß Schule ... heute ... in Mathe ne 5 .. .in Mathe war ich in der anderen Schule nie schlechter als 3.“*

Ich: *„Wie das?“*

Dirk: *„den Stoff hatten wir in der anderen Schule noch gar nicht ... dem Lehrer habe ich das gesagt, aber ... und der hat mich so wie so auf dem Kieker...“*

So geht es dann noch eine Weile weiter, bis dann zwischendurch folgende kurze Äußerung kommt:

Dirk: *„... aber man hat doch auch irgendwie selbst Schuld ...“* schimpft aber weiter über Schule und seinen Lehrer

Ich werde hellhörig: *Selbstäußerung*.....verbaler *Bedeutungsträger*... schießt es mir durch den Kopf und greife es auf.

Ich: *„Wie ... man hat auch selbst Schuld“?*

Dirk: *„liegt doch immer auch an einem selbst ... aber der Lehrer ... überhaupt der Unterricht ... man versteht nichts ...“*

Auf seinen Eigenanteil will er nicht eingehen. *Dranbleiben* gilt für mich

Ich: *„Du hast gesagt es liegt auch an einem selbst. Was meinst du damit“?*

Jetzt wird es enger für Dirk. Er fühlt sich sichtlich *bedrängt* von mir und wird ärgerlich

Dirk: *„Du bist genau wie mein Lehrer. Der sagt auch immer ich sei selber schuld...“*

Ich: *„He Dirk, das habe ich nicht gesagt, dass du schuld bist. Ich wollte wissen, was du mit deiner Aussage: es liegt auch an einem selbst, meinst. Das hast du bis jetzt nicht weiter erklärt. Über die Schule und den Lehrer habe ich viel erfahren“*

Dirk: *„Ich muss jetzt los zum Essen, sonst fressen die da* (er meint die anderen Jugendlichen im Projekt) *wieder alles weg“* und braust los, ohne tschüss zu sagen.

Ich bin etwas durcheinander. Ich habe erwartet und mir gewünscht, dass er nun etwas mehr über seinen Eigenanteil redet. Stattdessen hat er abgebrochen und ist einfach abgehauen. Ich habe ihn mit seinen eigenen Aussagen bedrängt. Ich bin in seinem System geblieben. Ich habe dabei nur seine eigene Wortwahl genutzt. Dies ist gerade beim Bedrängen sehr wichtig, um in seinem System bleiben zu können. Habe ich ihn vielleicht zu sehr bedrängt, so dass er die Flucht ergreifen musste? Ich kann es mir zu diesem Zeitpunkt nicht erklären. Später bekomme ich einen Anruf aus dem Projekt. Eine Betreuerin fragt, was ich denn mit Dirk angestellt hätte. Ich befürchte Schlimmes und lasse mir schildern, was abgelaufen ist. Dirk hat beim Essen ein munteres Gespräch über seine Schulsituation angezettelt. Er erzählte auch, dass ihn die Frage nach dem Eigenanteil auf dem Weg zum Projekt noch beschäftigt hat. Er konnte jetzt auch mehr dazu sagen. Gut dabei war, dass die Betreuerin an diesem Punkt aufmerksam blieb. Dirk und die anderen Jugendlichen hätten schon lange nicht mehr so viel und ernsthaft über ihre Schulsituation geredet wie an diesem Tag.

Zusammenfassend ergibt sich Folgendes: Die Jugendlichen werden mit dem, was sie mitbringen, in ihrem So-Sein akzeptiert. Die Betreuung orientiert sich an dem, was die Jugendlichen verbal als Ich-Äußerungen zum Ausdruck bringen, an dem, was sie mit ihrem Verhalten ausdrücken und an den äußeren Bedingungen, die für sie maßgeblich sind. Alle drei Bereiche finden gleichwertig und gleichzeitig im konkreten Umgang Beachtung. Es ist sowohl für die Jugendlichen eine neue Erfahrung als auch für die Betreuer eine neue Anforderung. Bisher wurden die 3 Bereiche je nach Ereignis unterschiedlich beachtet und einbezogen. Die gleichwertige und gleichzeitige Beachtung verschärft die Widersprüche. Es heißt Stand- und Aushalten für beide Seiten, für Jugendliche und Betreuer. Für den Jugendlichen heißt das ein Erleben seiner wirklichen Situation mit der Möglichkeit praktischer Lösungen, aber auch mit der Chance der Bewältigung, des Begreifens, der Einsicht. Er gewinnt dabei auch Vertrauen in seine Fähigkeit, selbst Lösungen zu finden. Diese Fähigkeit, sich auf Lösungsprozesse einzulassen, wird oft von Jugendämtern oder Eltern zu wenig als positives Ergebnis einer Betreuung erkannt, weil sie sich auf zukünftige Situationen richtet und der Nutzen nicht sofort erkennbar ist. Für die BetreuerInnen, Lehrer, Eltern kommt zusätzlich die Verantwortung hinzu, bei der Konfrontation durch widersprüchliche Situationen auf diese reflexiven Chancen zu achten, sie zu fördern, in den Auseinandersetzungen zu nutzen.

Der Jugendliche soll die „Federführung“ erhalten, die Betreuer sichern diese Federführung mit ihrem Vorgehen. Am Anfang werden die Konfrontationen und Auseinandersetzungen über die Widersprüche überwiegen; mit der Zeit, sicher meist nicht geradlinig, ergibt sich eine Zunahme von eigenständiger Reflexion. Einsicht und Begreifen der persönlichen Situation, der Lebenszusammenhänge, der möglichen Perspektiven, ist Grundlage für ein eigenständiges Zurechtkommen, für Selbstständigkeit.

7. Die wichtigsten Konzept-Begriffe im Überblick

Gleichsam als eine Art Zwischenbilanz und zugleich Vorgriff auf die folgenden Ausführungen werden die wichtigsten Begriffe des Konzepts („das Skelett" des gewachsenen Konzeptkörpers) im nachstehenden Schaubild definitorisch zusammengefasst.

Definition der wichtigsten Begriffe

Menschenbild	Es wird davon ausgegangen, dass jeder Mensch sein Leben in einem positiven Sinn gestalten und bewältigen will.
Akzeptanz	heißt, den anderen in seinem „So sein" anzuerkennen, ihn so zu nehmen, wie er ist.
Innere Suchthaltung	ist die innere Bereitschaft und das Engagement, Lösungen suchen zu wollen.
Ereignisschilderung	das einfache Schildern von Erlebnissen.
3 Orientierungen:	
Verbale Äußerung	Äußerungen, die über Sprache, Darstellungen, Absichten, Bedürfnisse, Willenserklärungen etc. zum Ausdruck kommen
Verhaltens Äußerung	ergeben sich aus den verschiedenen Verhaltensformen, Tätigkeiten, Aktionen, Mimik, Gestik, Bewegungen etc.
Äußere Bedingungen	Fachaufsicht, Erziehungsauftrag, Schulpflicht, Milieu, Nachbarschaft, öffentliche Erziehung, gesellschaftliche Strukturen, etc.
Gleichwertigkeit	Die 3 Bereiche sind inhaltlich gleichwertig einzubeziehen, eine qualitative Anforderung
Gleichzeitigkeit	Die 3 Bereiche sind gleichzeitig einzubeziehen, eine methodische Anforderung
Handlungsorientierungen	sind Leitlinien des Handelns. Sie entstehen aus reflektierter Praxis.
Zentral-orientierungen	sind die komprimierte Zusammenfassung der wichtigsten Erkenntnisse u. Handlungsorientierungen.
Doppelmandat	ist der widerspruchsvolle Status der Betreuer, der sich daraus ergibt, dass sie sowohl direkte Bezugspersonen als auch Teil und Repräsentant der äußeren Bedingungen sind.

Nähe und Distanz	definiert als Handlungsbegriff, zwischen emotionaler Anteilnahme und rationaler Interessiertheit (Empfehlung: im ausführlichen Text nachlesen).
Offene Fragen	Was-/Wie-Fragen (im Gegensatz zu Warum-Fragen oder Alternativfragen mit Ja-/Nein- Antworten).
Bedeutungsträger	Ereignisse mit erhöhter persönlicher Bedeutung.
Vertiefen	Konkretisieren von Bedeutungsträgern
Dranbleiben Bedrängen	Bedrängen ergibt sich aus dem Dranbleiben an den selbst produzierten Widersprüchen (im Gegensatz zu „Druck machen“).
Druck machen	von „außen“ „druckvoll“ gestellte Forderungen .
Im System des anderen bleiben	möglichst genau und präzise das verwenden, was der andere mitgeteilt hat, bis in zur Wortwahl
Team als Methode	Team methodisch als „kollegiale Fachöffentlichkeit“ nutzen
Kollegiale Beratung	Fortschreibung vom „Team als Methode“. Auf der Grundlage des Konzeptes „Sich am Jugendlichen orientieren“.
Strukturierer	strukturierende Funktion in Teamgesprächen, kollegiale Beratung
„Offen lassen als Methode“	Die Darstellung von unterschiedlichen Sichtweisen zulassen, keine Intervention, keine Ratschläge, Widersprüche aushalten
Stimmigkeit	Handlungsorientierungen sind persönlich stimmig – für mich durchführbar sachlich stimmig – sachlich sinnvoll
A.Z.O.M.P.	sichert ganzheitliche Qualität (vgl. Teil II)
S.M.A.R.T.	präzisiert zielorientiertes Handeln (vgl. Teil II).

Teil II: Sozialpädagogische Anwendungsbereiche

Das Konzept „sich am Jugendlichen orientieren“ stellt Menschen als Subjekte in den Mittelpunkt. Dies hatte weiterführende Auswirkungen auf verschiedene Bereiche der sozialpädagogischen Praxis, die hier im Teil II dieses Bandes dargestellt werden:

Kollegiale Beratung (1): „Kollegiale Beratung“ ist eine subjektorientierte Methode der Beratung. Hier kommen die in Teil I dargestellten Grundprinzipien im professionellen Umgang der KollegInnen untereinander zur Anwendung. Ziel ist ein adressatenorientiertes Handeln in der Praxis. Dazu werden verschiedene methodische settings dargestellt.

Teamarbeit – Team als Methode (2): Team wird hier als autonome Einheit verstanden, in der die Inhalte des Konzeptes demokratisch umgesetzt werden. Mit dem Begriff *„Team als Methode“* soll deutlich gemacht werden, die Kommunikation in einem Team nicht einem zufälligen beziehungsmäßigen Zusammenspiel zu überlassen, sondern die vielfältigen Ressourcen der einzelnen Mitglieder und des Teams als Ganzes durch ein subjektorientiertes Vorgehen zu nutzen.

Verfahren der Qualitätsentwicklung und Steuerung (3): Die Umsetzung des Konzeptes „sich am Jugendlichen orientieren“ führte zu einer Auseinandersetzung mit den „Neuen Steuerungsmodellen“. Der subjektorientierte Ansatz des Konzeptes richtet sich kritisch gegen die zunehmende Dominanz einer betriebswirtschaftlichen Organisationslogik und gegen eine zur Versäulung führenden „Produktorientierung“. In diesem Kapitel wird der hier vertretene Qualitätsbegriff erläutert, werden Methoden zielorientierten Arbeitens vermittelt, z.B.

bezogen auf das Hilfeplanverfahren. Es werden Verfahren der Selbststeuerung, Selbstevaluation und einfache Möglichkeiten des Messens sozialer Ereignisse dargestellt.

Sozialpolitische Auswirkungen (4): Im Konzept „sich am Jugendlichen orientieren" ist das Verhältnis der Menschen zu ihren Lebensbedingungen (*„äußere Bedingungen"*) von besonderer Bedeutung. Menschen werden nicht nur von den Verhältnissen bestimmt, sondern können diese auch verändern. Zunächst wird geschildert, welche Erfahrungen mit dieser herausfordernden Sichtweise des Konzeptes gemacht wurden. Dann wird, unter kritischer Einbeziehung sozialräumlicher Konzepte, auf neue Möglichkeiten eingegangen: Das Konzept der „Sozialraumorientierung" wird kritisch weiter gedacht im Sinne lokaler sozialpolitischer Einheiten, in denen sich Menschen verschiedener Organisationen und Zusammenhänge (Jugendhilfe, Schule, Kita, lokale Ökonomien, BürgerInnen) zusammenfinden, um lebenswerte Inhalte zu verwirklichen.

1. Kollegiale Beratung

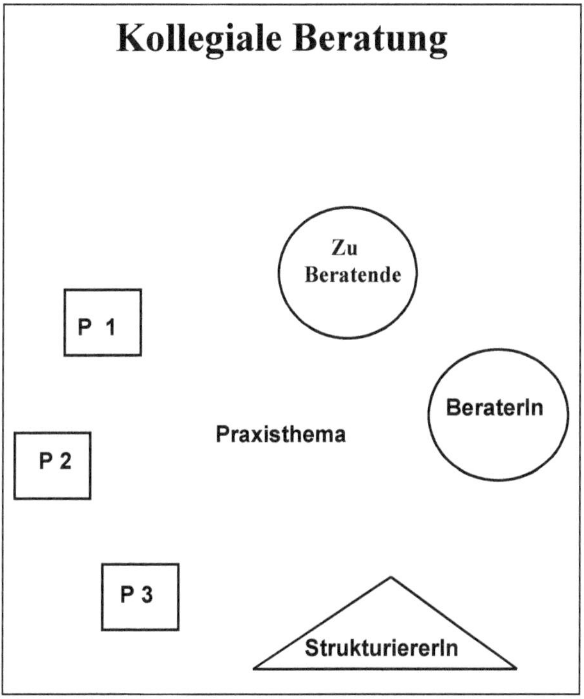

1.1 Grundvoraussetzungen

Die „Kollegiale Beratung“ ist eine subjektorientierte Beratungsmethode, die aus dem Konzept „Sich am Jugendlichen orientieren“ heraus entstanden ist. Es ist die Anwendung der oben dargestellten Grundprinzipien und Methoden (vgl. Teil I) auf den professionellen Umgang der KollegInnen untereinander. In der „Kollegialen Beratung“ geht es darum, die vorhandenen Kompetenzen und Ressourcen von KollegInnen systematischer zu nutzen und Teamprozesse effektiver zu gestalten als das bisher der Fall ist.

Im Folgenden werden das gesamte Setting und die Verfahren der „Kollegialen Beratung" dargestellt. Wichtig ist darauf hinzuweisen, dass die Methode „Kollegiale Beratung" flexibel genutzt werden kann. Sie kann abhängig von Themenstellung, zur Verfügung stehender Zeit, Teamgröße etc. variiert werden. Unter dem Punkt *„Variationen der Kollegialen Beratung"* werden dazu einige Anregungen gegeben.

Die persönliche Grundhaltung
Die Methoden der „Kollegialen Beratung" müssen von einer bestimmten positiven Grundhaltung aus gesehen und realisiert werden. Ohne diese Grundhaltung (vgl. dazu Kap. 2 in Teil I) können Methoden zu manipulativen Techniken ‚verkommen'.

Zu einer positiven Grundhaltung gehören Begriffe wie emotionale Wertschätzung, Akzeptanz, Offenheit, Fehlerfreundlichkeit, Suchhaltung, Engagement, Parteilichkeit.

Methodische Grundprinzipien
Das methodische Vorgehen ergibt sich aus dem „gleichwertigen" und „gleichzeitigen" Beachten der drei Bereiche: „verbale Äußerungen" – „Verhaltensäußerungen" – „äußere Bedingungen". Probleme, mit denen wir es zu tun haben, können als Widersprüche dieser drei Bereiche definiert werden.

Themenauswahl
Inhaltlich ergibt sich die Auswahl durch Abwägen, ob das Thema alleine, im „inneren Dialog" oder eben über Wahrnehmung der kollegialen Öffentlichkeit bearbeitet werden kann oder soll. Die Wahl muss der inhaltlichen Bedeutung des Themas angemessen sein und auch zeitliche, materielle Gesichtspunkte berücksichtigen. Kollegiale Beratung muss als Ressource bewusst eingesetzt werden. Ausgeschlossen sind in „Kollegialer Beratung" all die Themen, die mit der Beziehung der Beteiligten untereinander zu tun haben. Hier ist ggf. professionelle Supervision notwendig.

Äußere Bedingungen einer Kollegialen Beratung
Um eine kollegiale Fachöffentlichkeit herzustellen, sind (Mindestgröße) 3 bis 5 Personen notwendig; die Anzahl von 10 -12 Personen sollte nicht überschritten werden. Die übrigen

Bedingungen sollten so arrangiert sein, dass sie den Beratungsablauf nicht stören. Es ist darauf achten, dass ausreichend Zeit zu Verfügung steht, Themenhäufungen, Unterbrechungen (Telefongespräche, Hereinplatzen von Leuten etc.) oder andere Ablenkungen vermieden werden.

1.2 Aufbau und Ablauf einer „Kollegialen Beratung"

Rollenverteilung

Der/die zu Beratende
Der/die „zu Beratende" ist die Person, die das „Thema" in die „Kollegiale Fachöffentlichkeit" einbringt. Sie ist die wichtigste Person und hat bestimmende Federführung für den eigenen Klärungsprozess.

BeraterIn (ZuhörerIn)
Der Berater/die Beraterin ist persönlicher, aufmerksamer Gesprächspartner. Die konzeptionellen Methoden dienen im Wesentlichen dazu, um gerade diese Rolle hilfreich wahrnehmen zu können.

StrukturiererIn
„Strukturieren" ist in einem professionellen Beratungsgespräch üblicherweise Teil der Berateraufgabe. Die Aufteilung hat sich aus der praktischen Durchführung von „Kollegialen Beratungen" ergeben. Es erwies sich für die BeraterInnen immer wieder als hilfreich, einen „Strukturierer" an der Seite zu wissen, der auf die Organisation und den Ablauf des Gespräches achtet, Schnitte macht, um die übrigen Teilnehmer einzubeziehen, die Zeit im Auge behält etc.

Die übrigen Teilnehmer („Offene Runde")
Die übrigen Anwesenden bilden inhaltlich die „Fachöffentlichkeit". Sie haben keine beratende Funktion.

Der Beratungsprozess wird über den Strukturierer etwa 2- bis 3-mal unterbrochen zu einer „Offenen Runde". Hier soll dann von den Teilnehmern inhaltlich zum Thema Stellung bezogen werden. Dies soll möglichst kurz und präzise sein. Hier besteht auch die Möglichkeit, Vorschläge zu machen und Ratschläge zu geben. Auch der Strukturierer selbst und der Berater haben hier die Möglichkeit Stellung zu beziehen.

Vorsicht ist geboten, um bei der „Offenen Runde“ nicht in Diskussionen auszuufern. Der Strukturierer ist hier gefordert (siehe auch: „Offene Runde“)!

Der Beginn der Kollegialen Beratung
Sofern ein Strukturierer eingesetzt wird (ansonsten der Berater), hat dieser nun die Verantwortung für die Organisation des Ablaufs: Welche Themen sollen behandelt werden, ihre Reihenfolge, Zeiten festlegen, die Auswahl des beratenden Gesprächspartners. Es ist auch auf das Arrangement zu achten, z.B. dass die Zu-Beratende und die BeraterIn beieinander sitzen und nicht über die Köpfe anderer hinweg miteinander sprechen müssen. Schließlich hat der Strukturierer dafür zu sorgen, dass das Gespräch in Gang kommt.

Im Folgenden sollen nun die wichtigsten Punkte einer „Kollegialen Beratung“ im Sinne einer organisatorisch-methodischen Orientierung aufgeführt werden. Diese Orientierung soll vor allen Dingen für den Berater/die Beraterin ein Leitfaden sein. Empfohlen wird folgende Abfolge:

Der Ablauf

1. Ereignisschilderung

- Die Ereignisschilderung dient als allgemeiner Anfang einer kollegialen Beratung.
- Die Schilderung dient zunächst dazu, ins Gespräch zu kommen und „warm“ zu werden.
- Die geschilderten Ereignisse können mehr oder weniger im Zusammenhang mit dem eigentlichen Thema stehen. Sie können für die ereignisschildernde Person von unterschiedlicher Bedeutung sein.
- Die Ereignisse deuten das Anliegen an und verbergen es zugleich.

- Hier stellt sich die erste Vertrauensbasis her. Je nachdem, wie darauf eingegangen wird, kann mehr Öffnung und Vertiefung stattfinden oder aber auch Rückzug und Vorsicht.

2. Konkretisieren

- Mit Was-/Wie-Fragen.
- Die Ereignisschilderung wird dadurch gefördert.
- Konkretisieren ist für den gesamten Prozess wichtig, auch später bei der Erarbeitung der Handlungsorientierungen.

3. Bedeutungsträger

Sind Darstellungen, in denen eine erhöhte persönliche Bedeutung zum Ausdruck kommt, durch:

- Mimik, Gestik, Art des Sprechens, Pausen, Veränderung der Körperhaltung etc.
- Es gibt Bedeutungsträger mit vorläufiger Bedeutung, mit weitreichender und sehr zentraler Bedeutung.
- Bedeutungsträger ergeben sich prinzipiell aus den 3 Bereichen:
  - verbal
  - Verhalten
  - äußere Bedingungen

4. Inhaltliche Strukturierung/Vertiefen

- Über das Beachten der Bedeutungsträger vertieft sich das Gespräch inhaltlich.
- Eine breitangelegte Ereignisschilderung kann dadurch eine inhaltliche Strukturierung erfahren.
- Über die Konkretisierung von Bedeutungsträgern wird das Anliegen deutlicher.
- Konkretisieren von Bedeutungsträgern heißt, dass weitere Ereignisschilderungen folgen, jedoch inhaltlich tiefergehend, näher am Anliegen.

Zwischenbemerkung

Über Konkretisieren mit „Wie und Was-Fragen“ lässt sich die Ereignisschilderung in der Regel breit öffnen. Mit anderen z.B. „Warum-Fragen“, Alternativfragen oder Fragen, bei denen man nur mit ja oder nein antworten kann, kann das Gespräch zum Stocken kommen. Ungünstig sind auch Fragen, die bereits in der ersten Ereignisschilderung auf Lösungen zielen („Und, was willst du jetzt tun?“).

Werden diese Fragen zu früh gestellt, kann es zu voreiligen Handlungsorientierungen führen, die wesentliche Zusammenhänge außer Acht lassen. Wäre der zu Beratende jetzt schon in der Lage zu sagen, was er tun wird, hätte er die kollegiale Fachöffentlichkeit nicht bemühen müssen und das Thema selbst im „inneren Dialog“ lösen können.

Die eine Art des Fragens führt also zu Erweiterung der Ereignisschilderung, bringt viel Informationsmaterial mit der Gefahr, den Überblick zu verlieren, die andere Art eher zur Reduzierung mit der Gefahr, dass das Gespräch ins Stocken gerät. Es ist aber schwieriger, ein stockendes Gespräch wieder in Schwung zu bringen als den Schwung einer ausufernden Ereignisschilderung inhaltlich zu strukturieren. Dies geht z.B. sehr gut mit der einfachen Frage: „Was ist für dich von dem, was du jetzt dargestellt hast, das Wichtigste?“

Anzumerken ist, dass die Ereignisschilderung, das aufmerksame Zuhören und die Erweiterung durch „Konkretisieren“ äußerst wichtige Phase sind. Sie ist wesentlich für das Entstehen von Vertrauen und die Bereitschaft, sich weiter zu öffnen. Bei Personen, die ein zugewandtes, aufmerksames Zuhören selten erfahren, kann dies bereits ein wesentlicher Teil von Hilfe sein. Dann ist es ratsam, hier lange in dieser Phase der Ereignisschilderung zu bleiben.

In der Regel jedoch reichen 15-20 Minuten aus, dann wird es notwendig, das Gespräch zu komprimieren und zu vertiefen.

Hier entsteht dann eine erste Hürde für den/die BeraterIn. Über das „Konkretisieren“ von Bedeutungsträgern sollen das Anliegen, das Thema und die Widersprüche deutlich zum Ausdruck kommen. Zu beachten ist: Die Personen wollen zwar einerseits ihr Thema bearbeiten, möchten aber andererseits den sichtbar werdenden Widersprüchen auch gerne aus dem Wege gehen („Eigentlich ist das auch nicht so schlimm, es sind auch schon Verbesserungen eingetreten.“). Es tritt an diesem Punkt oft ein Ausweichen, ein „Nicht-'rangehen-Wollen“ auf.

Daraus ergibt sich die methodische Forderung an den/die BeraterIn „dranzubleiben“. „Dranbleiben“ heißt nichts anderes, als den/die zu Beratende zu bedrängen bzw. mit den eigenen Widersprüchen zu konfrontieren.

Kollegiale BeraterInnen haben genau mit diesem Punkt große Schwierigkeiten. Dies mag damit zusammenhängen, dass „Bedrängen“ über den alltagsüblichen Umgang miteinander hinausgeht. Wir unterscheiden „Bedrängen“ jedoch von „Druck machen“. Mit „Druck machen“ ist gemeint, wenn von „außen“ und „fremder Seite“ an eine Person „druckvoll“ Forderungen gestellt werden, ohne Chance der Einsicht und des Begreifens, z.B. mit Wenn-Dann-Sätzen: „Wenn du das und das nicht einhältst, erfolgt das und das.“ „Bedrängen“ dagegen heißt, mit den selbstproduzierten und selbstformulierten Widersprüchen zu konfrontieren. Dies hat den Vorteil, im Grunde nicht ausweichen zu können. Es bietet auch keine Grundlage, sich aggressiv gegen den „Bedränger“ zu wenden, denn es sind ja die eigenen Belange, um die es geht – im Gegensatz zu „Druck machen“, wo es um zumeist fremde Ansprüche geht und in der Folge oft massive Aggressionen zu beobachten sind.

5. Erste Zusammenfassung

- Der Berater fasst die wichtigsten Ereignisse zusammen
- Erforderlich ist eine Überblicks- und Aufmerksamkeitsleistung des Beraters
- Der Berater hat viel zu tun und entlastet damit den zu Beratenden
- Wichtig ist auf Widersprüche aufmerksam zu machen

6. Dranbleiben, Bedrängen

- Dranbleiben an den Widersprüchen
- Keine neuen Ereignisschilderungen zulassen, nicht ausweichen lassen
- Alle Aussagen einbeziehen und ernst nehmen
- Keine eigenen Interpretationen
- Beim Bedrängen unbedingt im System des anderen bleiben

7. Im System des anderen bleiben

- Möglichst genau und präzise das verwenden, was der andere inhaltlich mitgeteilt hat, wenn möglich bis hin zur Wortwahl
- Unpräzise Wiedergabe über den Berater ermöglichen Ausweichen, z.B. über Richtigstellungen etc.

8. Offene Runden

- Die „Offene Runde“ bietet dem Team die Möglichkeit, Stellung zu beziehen, Einschätzungen abzugeben, Vorschläge zu machen etc. Ansonsten hält sich das Team zurück und verfolgt konzentriert und aufmerksam die Bearbeitung des Themas. Mit diesem Vorgehen sollen ausufernde Teamdiskussionen vermieden werden, ohne auf die Teamkompetenzen und -ressourcen verzichten zu müssen.
- Die offenen Runden werden über die StrukturiererIn einberufen, können aber auch über die zu Beratende und die BeraterIn angezeigt werden.

Es gibt mehrere „Offene Runden“ (3-4 haben sich bewährt).

Offene Runde – Blitzlicht (zeitlich kurz)

- Die anderen TeilnehmerInnen werden einbezogen und sollen Stellung beziehen.
- Die Stellungnahme soll kurz, deutlich und präzise sein.
- Die Stellungnahmen sind fachliche Außenkriterien. In diesem Augenblick wird das System des anderen verlassen.
- Auch die StrukturiererIn kann Stellung beziehen.
- Auch die BeraterIn kann Stellung beziehen (kann aber den Beratungsprozess erschweren).
- Es soll keine Diskussion stattfinden.

Die weiteren „Offenen Runden“ ...

Offene Runde – Diskussion (ca. 15 Min)

- Das Team diskutiert über die Inhalte.
- Perspektivwechsler (eine TeilnehmerIn spielt Rolle der Betroffenen).
- Die StrukturiererIn moderiert und beteiligt sich auch selbst.
- Die Zu Beratende und die BeraterIn hören zu.

Offene Runde – Grundhaltung (Vorsicht!)

- In der Offenen Runde teilt jeder mit, welche persönliche Grundhaltung bei der/die zu Beratende im Laufe des Prozesses zum Ausdruck kommt.
- Die Äußerung zur Grundhaltung soll sich nur auf das bearbeitete Thema beziehen (also keine Verallgemeinerung über die Person).
- Die Äußerungen sollten als Annahmen formuliert sein. Der zu Beratende muss sie annehmen oder ablehnen können.
- Vorsicht: hohe Sensibilität ist erforderlich!

Offene Runde – Stimmigkeitsüberprüfung

- Am Schluss äußert sich das Team zur „Stimmigkeit" der Handlungsorientierung.
- Falls nicht stimmig, weiteres Vorgehen klären.

9. Zurück in den Beratungsprozess

- Über Strukturierer organisiert.
- Gesichtspunkte, die dem zu Beratenden aus der Offenen Runde wichtig und nützlich erscheinen, werden mit einbezogen.
- Der Beratungsprozess geht mit den bekannten methodischen Begriffen zuhören, nachfragen, konkretisieren, bedrängen, Bedeutungsträger erkennen etc. weiter.

10. Zentralorientierung der Erkenntnis

- Die wichtigsten Zusammenhänge des Anliegens werden deutlich und bewusst.
- Es ist wichtig, dass der/die zu Beratende diese Erkenntnis auch selbst formuliert und ausspricht.

Zwischenbemerkung

Hier lässt sich oft eine interessantes Phänomen beobachten. Für viele ist das Erkennen wesentlicher Zusammenhänge so bedeutsam, vielleicht auch so mit Freude verbunden, dass sie hier abbrechen möchten und sich für die Hilfe bedanken, obwohl sich mit dem Erkennen noch nichts geändert hat.

Vielleicht sind es Personen, die von ihrer Geschichte her nie umsetzen konnten, mussten oder durften, was sie für sich erlebt und erkannt haben.

Vielleicht, weil es die Eltern immer schon besser wussten, vielleicht, weil sie zu lange Zeit in Schulen, Ausbildungsstätten verbracht haben, wo man auch viel erkennen darf, ohne umsetzen zu dürfen oder vielleicht auch, weil man sich im Handeln deutlich festlegen und sich zu erkennen geben muss und damit natürlich auch ein Risiko eingeht.

Es kostet erneute Anstrengungen, sich der Umsetzung, dem Handeln zu widmen und nun Handlungsorientierungen herauszuarbeiten. In der Fortführung des Beratungsprozesses geht es natürlich unbedingt darum, zu „Handlungsorientierungen" zu kommen.

11. Handlungsorientierungen

- Der Beratungsprozess richtet sich nun darauf, was aufgrund der „Zentralorientierung der Erkenntnis" getan werden muss.
- Methodische Begriffe sind dazu weiter anwendbar, aber immer unter dem Gesichtspunkt „Handeln" also: Ereignisse des Handelns, Konkretisierung des Handelns, was soll zu welcher Zeit wie gemacht werden.
- Welche Situationen sind zu schaffen, welche Vorbereitungen, welche Leute zu beteiligen, welche Zeitabfolge etc.
- S.M.A.R.T zur Präzisierung (näheres siehe w.u.).

12. Stimmigkeitsüberprüfung

Es kommt manchmal vor, dass am Schluss bei der Formulierung der Handlungsorientierungen wichtige Aspekte aus dem Beratungsprozess vergessen werden. Oder es kann umgekehrt sein, dass man sich zu viel vornimmt, sich überfordert und dann manches nicht umsetzen kann. Um zu sinnvollen und auch praktikablen Lösungen zu kommen, hat es sich als hilfreich erwiesen, hier nochmals in einer „Offenen Runde" die Stimmigkeit zu überprüfen.

Dazu gibt es folgende Möglichkeiten:

- Offene Runde (kurze Stellungnahme des Teams)
- weitergehendes Konkretisieren der Handlungsorientierung

- Rollenspiel
- Anwendung von S.M.A.R.T (siehe Zielorientierung ...)
- Anwendung vom A→ZOMP (siehe Zielorientierung ...)
- „reduzieren“ (Anwendung nur bei besonderen Situationen)

13. Realitätsüberprüfung

- Reale Ergebnisse, kollegiale Kontrolle im Team, Verfahrenskontrolle, Controlling.

Schlussbemerkung:
Es soll noch einmal abschließend betont werden, dass eine gewisse Gestaltungsmöglichkeit mit zum Grundverständnis gehört. Der Ablauf und die Methode haben sich zwar inzwischen bewährt, sie wollen aber keine Gebrauchsanweisung sein, die man buchstabengetreu übernehmen kann, wie dies oft gewünscht und nicht selten auch getan wird. Das eigene Suchen und Gestalten sind wesentliche Gesichtspunkte des Konzeptes „Sich am Jugendlichen orientieren“. Der Begriff „orientieren“ wurde insofern bewusst gewählt, denn er entspricht genau dem hier angesprochenen Anliegen.

1.3 Kollegiale Beratung – Kurzfassung

Im Folgenden werden die ausführlichen Erläuterungen zur Kollegialen Beratung aus dem vorhergehenden Kapitel in den wichtigsten Rollen und Funktionen als schematische Übersicht dargestellt. Sie können so besser für Übungszwecke und Fortbildungen genutzt werden.

Grundhaltung	➔	wertschätzend-akzeptierend

Zu Beratende	➔	Erarbeitet für sich Lösungen und stimmige Handlungsorientierungen
BeraterIn	➔	Fördert durch methodisches Vorgehen die Prozesse der Lösungsfindung – hält sich inhaltlich zurück
StrukturiererIn	➔	Hat Verantwortung für den Gesamtablauf
Offene Runde	➔	Bezieht kritisch Stellung und macht kreative Lösungsvorschläge

Die zu Beratende: Handlungsorientierungen
Du hast die Federführung für deinen Klärungsprozess.

Thema ➔	Wähle ein für dich wichtiges Thema aus deiner Arbeit aus
Bedingungen ➔	Bestimme die Bedingungen des Gesprächs so, dass sie für dich optimal sind
Beratung ➔	Du kannst dir den/die Gesprächspartner/in auswählen
Darstellung ➔	Fang einfach an zu erzählen
Die anderen ➔	Kümmere dich nicht, ob • dein Thema für die anderen interessant ist • du zu viel Zeit in Anspruch nimmst
Offene Runde ➔	• Kannst du von dir aus einfordern • Du entscheidest, welchen Beitrag du aus der offenen Runde verwendest • Lass dich auf keinen Diskurs mit den Personen der offenen Runde ein

BeraterIn: Handlungsorientierungen

- Achte auf eine zugewandte Sitzordnung
- Du kannst Notizen machen (vorher abklären)
- Halte deine Fragen und Beiträge kurz
- Halte deine eigenen Gedanken, Interpretationen und Betroffenheit zurück
- Wenn dich aber *etwas sehr stark* betrifft, sprich es an
- Beraterwechsel ist möglich
- Du kannst auch selbst eine Offene Runde einfordern
- Eine Zusammenfassung ist hilfreich
- Den Beratungsprozess mit einer Handlungsorientierung beenden
- Die Handlungsorientierung auf Stimmigkeit überprüfen
- Präzisierung durch S.M.A.R.T.
- Evaluationsmöglichkeit klären

Besonders wichtig:

Versuche nicht, das Thema selbst zu lösen. Du verhinderst dadurch die Entwicklung von „Lösungskompetenz“. Nicht nur die Lösung ist wichtig, sondern auch die Erfahrung, die Lösung selbst entwickelt zu haben.

Strukturierer/in: Handlungsorientierungen

Der Anfang ➔	wird durch die Strukturierer/In eingeleitet
Zeitwächter ➔	Zeit/Ablauf festlegen und im Auge behalten
Rollen/Funktionen ➔	Wer wird beraten, wer berät,?
Offene Runde ➔	Einleiten, strukturieren und beenden Offene Runden können auch von der zu Beratenden und BeraterIn eingefordert werden Verschiedene Offene Runden können verschieden gestaltet werden: siehe Handreichung „Offene Runde“
Situationsklärung ➔	fragen nach „Befindlichkeiten“, ob das Gespräch so weitergeführt werden kann, ob ein Beraterwechsel gewünscht wird, etc. (Nach Offener Runde) Beraterwechsel ist möglich!
Beenden der Beratung ➔	Verantwortung für Beendigung liegt bei Strukturier/In Stimmigkeitsüberprüfung über eine letzte Offene Runde Klären, ob alles in Ordnung ist Verfahren einer möglichen Fortführung klären Ende als deutlichen „Schnitt“ kennzeichnen (z.B. Auflösen der Runde, Aufstehen, etc.)

Auswerten: Bei nachträglichen Auswertungen der Erfahrungen mit der Methode nicht mehr die Inhalte besprechen!

Offene Runde: Handlungsorientierungen

Die „Offene Runde“ bietet dem Team die Möglichkeit, Stellung zu beziehen, Einschätzungen abzugeben und Vorschläge zu machen etc. Ansonsten hält sich das Team zurück und verfolgt konzentriert aufmerksam die Bearbeitung des Themas.

Erste Offene Runde ➔	nicht zu früh einführen, da erst eine gewisse Gesprächsentwicklung notwendig ist.
Wer entscheidet ➔	routinemäßig als Aufgabe der StrukturiererIn; auch zu Beratende/BeraterIn können einfordern.
Unterschiedliche Gestaltungs-möglichkeiten ➔	kurze, präzise Stellungnahme/Vorschläge zur Thematik (kurze Gesamtzeit). Diskussion über Inhalt und über die zu Beratende (mehr Gesamtzeit). Team gibt Rückmeldung zur „Grundhaltung“ der zu Beratenden Vorsicht! Genehmigung einholen. letzte „Offene Runde“ als Stimmigkeitsüberprüfung. Diskurse mit der zu Beratenden/ BeraterIn vermeiden.
Die zu Beratende ➔	hört sich die Äußerungen an, lässt sich anregen und entscheidet, was sie verwertet.
Die BeraterIn ➔	hört ebenfalls zu. Beteiligung nur als Ausnahme.
Der Strukturierer ➔	Moderiert und beteiligt sich. Darf aber seine Strukturierungsaufgabe nicht vernachlässigen.
Zahl der Runden ➔	3 bis 4 „Offene Runden“ haben sich bewährt.
Ende einer Runde ➔	ist Aufgabe des Strukturierers.
Die letzte Offene Runde ➔	dient als „Stimmigkeitsüberprüfung“ der Handlungsorientierung.

„Offen lassen – als Methode“: Handlungsorientierungen
„Offen lassen als Methode“ heißt zunächst Prozesse zulassen, Erfahrungen machen lassen mit Um- und „Irrwegen“, ohne korrigierend einzugreifen, ohne Interpretationen, Hinweise und Vorschläge, auch nicht, wenn dies in bester Absicht und sehr verständnisvoll gemeint ist.

Stellungnahmen sollten, wenn sie wirklich sein müssen, zu einem späteren Zeitpunkt im Beratungsprozess abgegeben werden (siehe ausführlicher dazu Kapitel „Methodische Prinzipien“).

In Bezug auf „Offen lassen“ gelten folgende Handlungsorientierungen:

- Halte dich zurück
- Lass zu, traue zu
- Stelle öffnende Fragen (Wie-/Was-Fragen)
- Lass Gedankengänge und Entwicklungen zu – auch wenn sie nicht mit deinen übereinstimmen.
- Unterstütze solche Entwicklungen durch Nachfragen

Grundhaltung: Handlungsorientierungen
Mit Grundhaltung ist die „persönliche innere Einstellung“ zu Personen, Situationen und Ereignissen gemeint. Sie hat wesentlichen Einfluss auf die Prozesse.

Methoden sollen von einer „positiven inneren Grundhaltung“ getragen werden.

Da die Grundhaltung viel mit dem emotionalen Teil der Person zu tun hat, ist damit äußerst vorsichtig und sensibel umzugehen (ausführlicher dazu Kapitel 2: Menschenbild/Grundhaltung).

Empfehlung: Die ersten Übungen zur „Grundhaltung", wenn möglich, unter Supervision

Situation wählen	→	Grundhaltung in einer „offenen Runde" ansprechen.
Zeitpunkt	→	Einen späten Zeitpunkt im Beratungsprozess wählen.
Zuständig	→	wird von StrukturiererIn initiiert und moderiert.
Formulierung	→	Aussagen als Annahmen formulieren.
Bezug	→	beziehe die Annahmen zur „Grundhaltung" *nur* auf das bearbeitete Thema.
Leitsatz	→	für die zu Beratende muss folgende Möglichkeit bleiben: *In Bezug auf dieses Thema bin ich so, aber sonst bin ich ganz anders".*
Zum Schluss	→	StrukturiererIn versichert sich, ob alles in Ordnung ist.

1.4 Kollegiale Beratung: Variationen

Die umfassende Form der Kollegialen Beratung mit ihrer differenzierten Rollenaufteilung kann angepasst an die Themenstellungen, Alltagsabläufe und zeitliche Möglichkeiten variiert und vereinfacht werden. Um allerdings angemessen „abweichen" zu können, ist ein angemessenes Beherrschen der „Kollegialen Beratung" als umfassendes Konzept empfehlenswert.

Kollegiale Beratung zwischen „Tür und Angel"

Eine Kollegin hat in einer Stunde einen schwierigen Termin. In ihrer persönlichen Vorbereitung ist sie unsicher, ob sie nun so oder so vorgehen soll. Sie bittet ihren Kollegen um eine verkürzte Kollegiale Beratung. Der Kollege, der zwar gerade selber viel zu tun hat, ist dennoch bereit. Man vereinbart etwa 20 Minuten. Folgende Schritte finden statt:

- Ereignisschilderung der wesentlichsten Punkte
- Aktives Zuhören des Kollegen
- Konkretisieren der problematischen Punkte
- Festlegen des zentralen Problems (Zentralorientierung)
- Zentrale Handlungsorientierung

Vom Alltagskontakt zur Beratung

Die meisten Kontakte im beruflichen Alltag sind nicht im strengen methodischen Sinne vorbereitet, sondern ergeben sich eher situativ im Umgang mit den Betroffenen, mit den KollegInnen des Teams, in der eigenen Einrichtung oder in anderen Institutionen. Solche Kontakte lassen sich über die kollegialen Beratungsprinzipien „qualifizieren", z.B. durch:

- eine positive, wertschätzende Grundhaltung
- aufmerksames Zuhören
- konkretisiertes Nachfragen (Wie- oder Was-Fragen)
- Fragen nach dem zentralen Problem (was ist dir das wichtigste?)
- Fragen nach Handlungsorientierungen
- Anteilnahme, Parteilichkeit,
- unterstützende Handlungen.

Anmerkung:
Das Gespräch kann in einen Beratungsablauf übergehen. Das sollte jedoch nicht „gleitend" geschehen. Es bedarf der Abstimmung.

Das Gespräch zu dritt

Hier muss man nicht zwanghaft in zu Beratender, Berater und Strukturierer aufteilen. Wenn die Teilnehmer die kollegialen Prinzipien einigermaßen beherrschen, kann es folgende Variationen geben:

- 2 Personen wechseln sich beratungsmäßig ab und strukturieren gleichzeitig (eine sich abstimmende Aufmerksamkeit ist natürlich dabei notwendig).

- Wenn das Thema nicht allzu schwerwiegend und komplex ist, kann der zu Beratende selbst den Prozess so strukturieren, wie es für ihn am günstigsten ist.

Reflexionsprozess mit sich alleine im „inneren Dialog"

Einige Prinzipien können auch im „inneren Dialog" mit sich selbst angewandt werden:

- Die wesentlichen Ereignisse durchgehen oder noch besser aufschreiben.
- Wo liegt für mich das zentrale Problem?
- Welche äußeren Bedingungen muss ich beachten?
- Wo liegen die Schwierigkeiten der Umsetzung?
- Welche ist meine zentrale Handlungsorientierung?
- Wann soll was, wo stattfinden?

Der 7-Punkte-Plan

Nicht jedes Thema muss mit dem differenzierten Setting (zu Beratender, Berater, Strukturierer, Offene Runde, Grundhaltung etc.) durchgeführt werden. Bei bestimmten Themen und besonders bei „Funktionsteams" kann eine vereinfachte, mehr sachbezogene Form in Frage kommen.

- Die Person, die ein Thema einbringt, bereitet dieses nach dem 7-Punkte-Plan vor.
- Die Teammitglieder halten bestimmte Regeln, die aus der „Kollegialen Beratung" übernommen sind, ein.

a) Vorbereitung des Themas

Der/Die KollegIn bereitet sich auf die Darstellung im Team nach folgenden Punkten vor:

1. Allgemeine Beschreibung der Ereignisse und der Umstände, die mit dem Thema zusammenhängen.
2. Beschreibung der eigenen Aufgaben, der eigenen Rolle etc.
3. Die „äußeren Bedingungen“; Zeiten, Termine, Vorgaben, z.B. aus der Hilfekonferenz, etc.
4. Welche Bezüge zu anderen Personen gibt es? Welche Einrichtungen, Institutionen etc. sind sonst noch beteiligt?
5. Wie wird meine Arbeit von den Betroffenen gesehen? Wird sie als hilfreich empfunden? Wo gibt es Schwierigkeiten und Störungen?
6. Was ist mein zentrales Problem?
7. Welche Lösungen sind mir selbst bis jetzt eingefallen?

b) Das Team

Das Team praktiziert folgende Beratungsprinzipien:

- Aktives, konzentriertes Zuhören.
- Keine Diskussion, keine Ratschläge, keine eigenen Erlebnisse, lediglich kurze Verständnisfragen sind erlaubt.
- Nach dem 7-Punkte-Bericht -> Schnitt. Die Teammitglieder können jetzt Vorschläge und Ideen beisteuern.
- Es können konkrete Hilfeleistungen angeboten werden.

c) Strukturierer

Die einzige Rolle in dieser Beratungsform ist der Strukturierer. Sie entspricht der in der „Kollegialen Beratung“. Der Strukturierer achtet hier, dass die Regeln eingehalten werden und dass der Prozess rechtzeitig zu Ende kommt.

2. Teamarbeit – Team als Methode

In der Sozialen Arbeit hat sich Teamarbeit inzwischen etabliert. Unklarheiten bestehen im Verhältnis zur Hierarchie. Wie weit kann ein Team selbständig und autonom arbeiten? Wie weit muss der hierarchische Zugriff gewährleistet bleiben? Haftungsfragen werden dann z.B. ins Feld geführt und auf die Regresspflicht wird verwiesen. Deshalb wird hier auch gerne zur „Teamchef" – Variante gegriffen und eine Team-Leitung bestimmt, im Grunde ein Widerspruch in sich. Personen mit solchen Leitungsfunktionen sind nicht beneidenswert. Sollen sie sich nun mehr dem Team zuordnen oder der Hierarchie verpflichtet fühlen? Die Neigung geht allerdings eher in Richtung Allianz mit den TeamkollegInnen. Hier möchte man es sich nicht verderben, was Stress mit den Vorgesetzten bringen kann.

Die qualitative Leistung eines Teams entsteht aus einem optimalen Zusammenspiel der Kräfte, Standpunkte, Fähigkeiten und Kenntnisse. Das Produkt daraus ist eine eigenständige Qualität, denn es ist mehr als nur die Summe der Einzelleistungen. Es sind Ergebnisse, die sich aus der Dynamik eines positiven Zusammenwirkens ergeben.

Ob dies allerdings zur Qualität wird, ist nicht selbstverständlich. Willkürlich zusammen gewürfelte Teams produzieren eher Konflikte als Qualität. Es gibt bestimmte Voraussetzungen, die gute Teamarbeit fördern. Diese sind in Abb. 3 dargestellt.

Qualitativ gute Teamarbeit ist bestimmt durch die Umsetzung inhaltlich herausfordernder Ziele, die sich aus gemeinsamen Leitideen ergeben. Solche Ziele müssen einen hohen Adressatenbezug haben. Ohne solche Ziele sind Teams, so meine Erfahrung, lediglich gruppenbezogene Arbeitsformen, die Gefahr laufen, sich allzu sehr mit sich selber zu beschäftigen, sich zu verzetteln und konfliktanfällig zu sein.

Abb. 3: Team-Qualität

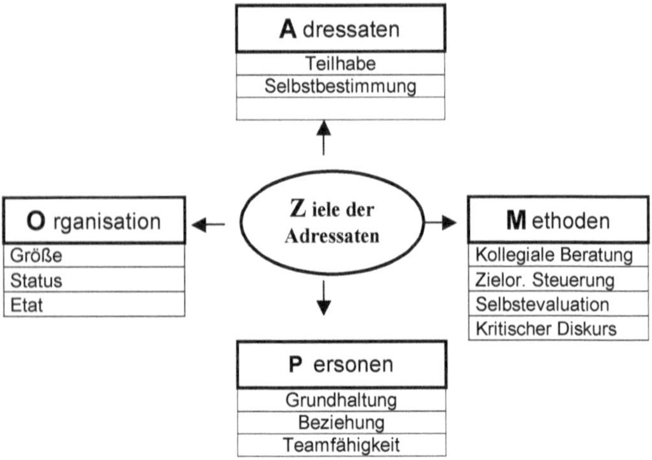

2.1 Team-Struktur

Teamformen

In der Praxis haben sich zwei wichtige Formen herausgebildet: Projektteams und Funktionsteams.

Ein *Projektteam* ist ein Team, das zu einer bestimmten organisatorischen Einheit gehört, wie z.B. einer Tagesgruppe, einem Kinderhaus oder einer Außengruppe etc.

Team und Projekt sind eine identische Einheit, die oft über bestimmte Merkmale, wie Projektname, Büro, Telefonnummer, eigene Kontonummer, Briefkopf usw., noch hervorgehoben wird.

Es besteht ein hoher existenzieller Zusammenhang: projektbezogener Arbeitsvertrag, Dienstplan, Betriebsführung und Projektetat etc.

Funktionsteams finden sich an einem bestimmten Zeitpunkt zusammen, um eine bestimmte Funktion auszuüben, z.B. die Planung einer Stadtteilkonferenz, die Durchführung einer Freizeitaktion oder die Bearbeitung eines bestimmten Themas etc. Danach gehen die Mitglieder wieder auseinander und zurück an ihren jeweiligen Arbeitsplatz. Hilfeplankonferenzen könnte man z.B. auch als Funktionsteam bezeichnen.

Team-Größe
3 Personen sind die unterste Grenze, ab 7 Personen erschwert sich oft die Teamarbeit. Optimal sind 4 bis 6 Personen.

Die Größenordnung ist bedeutsam für die Wahrnehmung wesentlicher Team-Funktionen, wie Team als Methode, Entscheidungsfindung und Fallbesprechung etc.

Bei sehr großen Teams ist es empfehlenswert, Untereinheiten zu bilden.

Team-Status
Damit ist die vom Träger formal zugesicherte Entscheidungskompetenz gemeint. Der Status kann von einer sehr geringen bis zu einer sehr weitgehenden Autonomie gehen. Die zugesicherte Entscheidungskompetenz kann sich beziehen auf Punkte, wie Gestaltung der Arbeitszeit, Handhabung eines Etats, eigenständige Außenvertretung und Personalentscheidung etc.

Der formale Status eines Teams ist ein äußerst wichtiger Punkt. Teams mit wenig Entscheidungskompetenz sind nicht in der Lage, ihre Ressourcen ausreichend auszuschöpfen. Schlimmer noch, es können Haltungen, wie „die da oben“ und „wir können doch sowieso nichts entscheiden“, entstehen. Gerade bei der derzeit stattfindenden Dezentralisierung ist es wichtig, Teams auch mit entsprechenden Kompetenzen auszustatten (dezentrale Ressourcenverlagerung). Andererseits müssen die Personen im Team auch in der Lage sein, solche Kompetenzen verantwortungsvoll auszuschöpfen. Hier kann die Gefahr der Überforderung bestehen. Schwierig wird es, wenn von der Einrichtung weitgehende Kompetenzen auf die Teams delegiert wurden und ein Team diese Verantwortung gar nicht wahrnehmen will, die Autonomie sozusagen zurückgibt.

Team-Etat
Um handlungsfähig zu sein und Entscheidungskompetenzen wahrnehmen zu können, ist es empfehlenswert, Teams einen eigenen Etat zuzuordnen, über den sie auch eigenständig verfügen können.

2.2 Grundhaltung: Innere Einstellung zur Teamarbeit

Teamarbeit steht und fällt mit den handelnden Personen im Team. Grundhaltung bezieht sich auf die innere Einstellung zu einer gewollten, positiven Teamarbeit. Es ist die persönliche Bereitschaft, gemeinsam im Team herausfordernde Ziele umsetzen zu wollen.

Die Grundhaltung der Personen hat etwas mit ihrem persönlichen Konzept (s.o.) zu tun. Wenn Personen weitgehend und beharrlich ihrem inneren Werte-Strickmuster folgen, kann dies zu Schwierigkeiten im Team führen. Die Pluralität der Sichtweisen ist zwar eine besondere Stärke des hier vertretenen Teamkonzeptes, es muss aber auch erlaubt sein, die unterschiedlichen Haltungen zu hinterfragen. Sie dürfen nicht tabuisiert werden durch eine falsch verstandene Betroffenheitskultur, wie in dem folgenden Beispiel:

„Es hat mich doch sehr verwundert und auch betroffen gemacht, dass dies heute von dir einfach auf die Tagesordnung gebracht wird, dass du dies nicht früher schon im Einzelgespräch mit mir ...“

Antwort: „Ich halte es für richtig, dies gleich im Team zu besprechen und nicht als Einzelgespräch vorweg.“ – „Das macht mich jetzt richtig sauer, wie du damit umgehst, das zieht unheimlich bei mir rein. So stelle ich mir eine Zusammenarbeit nicht vor ...“

Ein anderes Teammitglied: „Ich bin allerdings auch der Meinung, dass es hier besprochen werden muss und verstehe deine Aufregung nicht ....“

Nach einiger Zeit des Hin und Hers aufgebracht und den Tränen nahe: „Ich möchte mich hier nicht auch noch rechtfertigen müssen ...! Das sind einfach Gefühle, die in mir hochkommen und ich möchte, dass ihr das einfach so stehen lasst ...!“

In einer Selbsterfahrungsgruppe wäre es sicher richtig, „dies einfach so stehen zu lassen“. In einem professionellen Team, das verantwortlich handeln muss, kann man das „einfach nicht so stehen lassen“, sondern man muss sich auseinander setzen.

Solche Auseinandersetzungen und deutliche Stellungnahmen sind unumgänglich, auch wenn sie vielleicht zunächst Betroffenheit auslösen und mit dieser Betroffenheit wiederum nur beziehungsmäßig nachtragend umgegangen wird („Muckel-Prinzip“). Dieses allzu schnelle beziehungsmäßige Reagieren ist ein besonderes Übel in der Sozialarbeit. Es hebt die geforderte Unabhängigkeit der Äußerungen, fachliche Klärungsprozesse und das Ringen um verantwortungsvolle Lösungen auf oder schränkt sie doch zumindest stark ein. Mögliche Folgen sind: Übervorsichtigkeit, Mangel an inhaltlicher Deutlichkeit, taktische Eiertänze u.a.m.

Vordergründige Konsensbildungen und Allianzen vergeuden die potentiellen Stärken eines Teams. Deshalb ist es wichtig, von den mitgebrachten mehr unbewussten und naturwüchsigen Grundhaltungen zu einer reflektierten Grundhaltung zu kommen. Der *Kritische Diskurs* ist dabei unumgänglich (s.o.).

Team-Beziehungen

Die Team-Mitglieder gehen miteinander kommunikative Beziehungen ein. Diese Beziehungen sind wesentlich für eine effektive und effiziente Team-Arbeit. Positive Team-Beziehungen sind aber auch wichtig für das individuelle Wohlbefinden und für eine positive Atmosphäre im Team. Dazu gehören kollegiales Verständnis, Fürsorglichkeit, das Bemerken und Bestätigen von Erfolgen und auch eine gewisse Toleranz gegenüber Fehlern (Fehlerfreundlichkeit).

Dieser hohen Bedeutung solch subjektiver Faktoren entspricht allerdings gleichzeitig auch ein besonderes Risiko, wenn bei sogenannten Beziehungsstörungen die Beziehungsaspekte in den Mittelpunkt geraten. Dazu kann es sehr schnell kommen durch Profilierungstendenzen, persönliches Dominanzstreben, unbewusste Allianzen oder einfach nur durch Unerfahrenheit. Konfliktzunahme und die Abnahme von Qualität und Leistungsfähigkeit sind die Folge. Fortgeschrittene und eskalierte Team-Konflikte sind sehr schwer zu bewältigen.

Team-Findung

Die oben genannten Gründe machen es notwendig, sehr aufmerksam bei der Team-Zusammensetzung und bei der Phase der Team-Findung zu sein. Die Begleitung solcher Findungsprozesse durch Beratung ist empfehlenswert. Bei Neueinstellungen sollte zudem nach etwa 6 bis 8 Wochen Zeit für eine erste Auswertung und ein Team Feed-back eingeräumt werden.

Team als Methode
Team ist hier mehr als nur eine Gruppe von Menschen, die gemeinsam Themen diskutieren oder eine Aufgabe erledigen. Mit dem Begriff „Team als Methode“ soll deutlich gemacht werden, die Kommunikation in einem Team nicht einem zufälligen beziehungsmäßigen Zusammenspiel zu überlassen, sondern die vielfältigen Ressourcen durch ein zielorientiertes methodisches Vorgehen zu nutzen.

Dazu gehört auch, Team als professionelle Einheit mit weitreichender Entscheidungskompetenz zu verstehen.

Kollegiale Beratung
Kollegiale Beratung ist ein bestimmtes methodisches Setting, das eine systematische, qualifizierte Team-Arbeit fördert. Verschiedene Funktionen (Beratung, Strukturierung, offene Reflexionsrunden etc.) können genutzt werden. Team-Mitglieder können dabei unterschiedliche methodische Ansätze und vor allem aber ihre persönlichen Kompetenzen und Stärken einbringen.

Kollegiale Beratungen beziehen sich auf Handeln in der Praxis und enden deshalb immer mit Praxiszielen und Handlungsorientierungen (siehe dazu ausführlich „Kollegiale Beratung“).

Selbstevaluation
Die Ausgangsforderung, herausfordernde Ziele umzusetzen, bringt die Frage nach den erzielten Ergebnissen mit sich. Solche Ergebnisse sind nicht nur für das Team selbst von Bedeutung, sondern müssen auch für Außenstehende nachvollziehbar sein. Deshalb ist die Anwendung bestimmter Evaluationsverfahren, Messinstrumente und Checklisten und insgesamt eine Dokumentation der Arbeit notwendig (s.w.u. S.M.A.R.T., A.-Z.O.M.P., Team-Checkliste, Protokollform).

Zielorientierte Steuerung der Team-Arbeit

Die in der Evaluation erhobenen Ergebnisse und gewonnenen Erkenntnisse führen zu Zielfortschreibungen. Prozesse dieser Art erfordern Verfahrensweisen der Selbststeuerung im Team. Gut ist es, diese Aufgabe einem Team-Mitglied federführend zu übertragen.

Teambesprechung/Reflexion

Teams treffen sich regelmäßig, um die Arbeit zu verteilen und Inhalte zu reflektieren. Dazu einige Merkpunkte:

- eine bestimmte Regelmäßigkeit, z.B. einmal die Woche 3 Stunden, einhalten;
- individuelle Vorbereitung (7-Punkte-Plan);
- Festlegung einer Tagesordnung;
- Unterteilung zwischen Inhalt und „Organisatorisches" möglichst Inhalt vor Organisation;
- auf Themenbegrenzung achten;
- deutliche Kennzeichnung von zu behandelnden und tatsächlich behandelten Themen vornehmen;
- Störungen von außen vermeiden;
- auf Zeit achten, Strukturierer einsetzen;
- Praxisberatung themenbezogen, auf Abruf oder nach festem Zeitplan;
- Dokumentation (Protokollform) nicht vergessen.

Hin und wieder ist es wichtig, einen Team- oder Klausurtag wahrzunehmen für komplexe Themen und zur Pflege kommunikativer Prozesse. Empfehlenswert ist dazu einen anderen Ort als das gewohnte Büro zu nutzen.

Die Qualität der Teamreflexion hängt von der selbständigen Leistung jedes einzelnen Team-Mitgliedes ab. Nur wenn jeder Einzelne unabhängig von den anderen, eigenständig und auch selbstbewusst-suchend sich um Lösungen bemüht, diese in das Team einbringt und sich mit den anderen konstruktiv auseinander setzt, ist der Konsens solcher Auseinandersetzungen ein Ergebnis mit hoher Gültigkeit (Validität).

Der Wert von Entscheidungen nimmt ab, wenn sich Team-Mitglieder an dominante Personen anlehnen oder versuchen, sich allgemeinen sozial erwünschten Lösungen anzupassen. Daraus folgt, dass die einzelnen Team-Mitglieder mit ihren Gedanken, Gefühlen und Meinungen nicht hinter dem Berg halten dürfen. Es erfordert einen gewissen Mut, eine abweichende Meinung zu vertreten und diese auch argumentativ durchzuhalten. Nicht selten ist hier ein Ausweichen, ein sich-klein-Machen, ein sich-selber-nicht-ernst-Nehmen bis hin zur Selbstentwertung zu beobachten, etwa mit Äußerungen wie:

Andere könnten viel besser formulieren. Man sei noch nicht so weit mit seinen Gedanken. Hätte zu wenig Erfahrung etc.

Kritischer Diskurs
Die Fähigkeit zur kritischen Bewertung der eigenen Arbeit ist ein Qualitätsmerkmal. In einem Team gibt es gute Voraussetzungen für einen kritischen Diskurs. Die Größe ist überschaubar. Die Teambeziehungen ermöglichen in der Regel, Dinge offen und direkt zu äußern. Der kritische Diskurs ist ein Teil einer guten Teamkultur.

Aber gerade mit Kritik und einer positiven Streitkultur scheinen sich SozialarbeiterInnen schwer zu tun. Welche Phänomene der Vermeidung es gibt, dazu einige Beobachtungen.

- *Aussitzen:* greifbar in der Luft liegende kritische Themen werden nicht angesprochen und regelrecht ausgesessen
- *Informationsmangel* und der Hinweis, dass man sich noch genauer informieren möchte: Dadurch wird versucht Zeit zu gewinnen, um ein missliebiges Thema nicht ansprechen zu müssen.
- *Andeuten:* ist eine indirekte Form des Ansprechens, z.B.: „Es wäre wichtig, uns einmal zusammenzusetzen, um ausführlich bestimmte grundsätzliche Dinge zu klären." Die Wörter zusammensetzen, ausführlich und grundsätzlich sind beliebte Vokabeln.
- *Selbstbezichtigung:* wenn Kritik schon unumgänglich, wird zur Einführung gern darauf hingewiesen, dass einem Selbst schon Ähnliches passiert ist und man auf keinen Fall den Eindruck erwecken möchte, hier frei von Fehlern zu sein.

- *Verallgemeinerung;* Mit Sätzen „Hier müssen wir uns alle an die Nase fassen“ oder „Das könnte doch jedem passieren...“
- *Verdrängen:* Die kritischen Punkte werden einfach vergessen. Selbst auf Anfrage kann man sich einfach nicht erinnern.
- *Allianzen:* nach dem Prinzip: Ich tu dir nichts, dann tu mir auch nichts.
- *Ortsverlegung:* nicht im Team, wenn alle da sind und wo sie hingehört wird Kritik geäußert, sondern an irgendeiner anderen Stelle (z.B. nach einer Sitzung, auf den „Gängen und Fluren“)
- *Stellvertretungen:* hoffen, dass ein anderer ein Problem anspricht oder das Zitieren von Dritten, meist aus dem Außenbereich.

Kritischer Diskurs: Handlungsorientierungen

Die Erfahrungen haben gezeigt, dass es für einen gelungenen „Kritischen Diskurs“ nicht nur darauf ankommt, wie man Kritik einbringt, sondern auch wie sie aufgegriffen wird. Hier fällt auf, dass in der Regel sofort mit Betroffenheit und Rechtfertigung reagiert wird. Das führt bei den „Kritik Übenden“ zu einem „Eiertanz“ der Vorsichtigkeit, zu einem „Darum herum Reden“ oder zu vorauseilenden Entschuldigungen.

Es ist vorwiegend Sache der Kritisierten, dazu beizutragen, dass der Diskurs gelingt. Sie sollen die Kritik als wichtige Ressource sehen und durch konkretes Nachfragen optimalen Nutzen daraus ziehen.

Die Tabelle zeigt eine Übersicht der Handlungsorientierungen.

Kritik üben	Kritik annehmen
⇨ konkret, themenbezogen	⇨ Vermeide Rechtfertigungen!
⇨ wertschätzend	⇨ Frage konkretisierend nach (Was/Wie-Fragen)!
⇨ Gib alles, halte nichts zurück!	⇨ Nimm alles: Nutze die Kritik!

Praxisberatung und Supervision

Die bisherige Darstellung befasste sich hauptsächlich damit, wie die Qualität „gute Teamarbeit“ im Team selber bewerkstelligt wird. Hin und wieder ist es dabei jedoch wichtig, externe Fachkräfte mit heranzuziehen. Üblicherweise fällt dann der Begriff „Supervision“. Supervision muss allerdings nicht immer eine Stärkung der eigenen Lösungskompetenz, sondern kann u.U. auch kontraproduktiv sein. Manche Themen könnten durchaus selbst in Kollegialer Beratung gelöst werden.

Die SupervisorInnen selbst heben gerne ihre Distanz zu der Arbeit vor Ort und ihre Unabhängigkeit von den Einrichtungen als Vorteil hervor. Dies ist sicher zum Teil richtig. Andererseits kann mangelnde Feldkompetenz dazu verführen, die kommunikativen Beziehungen im Team überzubewerten. Dies mag der Grund sein, dass die Kenntnisse des Arbeitsfeldes und das Wissen um Handlungs- und Organisationsstrukturen in Beratungssituationen von außen inzwischen mehr an Bedeutung gewonnen haben. In Abgrenzung zur „Supervision“ wird dann häufiger von „Praxisberatung“ gesprochen. Bei der Nutzung teamübergreifender Beratungsleistungen ist empfehlenswert, diese gezielt, anlassbezogen und zeitlich begrenzt wahrzunehmen.

Adressatenbeteiligung

AdressatInnen sind bei allen Themen und Belangen, die sie betreffen, zu beteiligen. Aber auch darüber hinaus, wenn es um Planung und Gestaltung der Arbeit geht, sollte die Beteiligung der Betroffenen selbstverständlich sein. Dies ist zwar manchmal sehr anstrengend, aber auch erfrischend und schützt das Team vor Privatisierungstendenzen und Ingroup-Verhalten.

Im Folgenden ein nicht ganz erst gemeintes Glossar zum Kritischen Diskurs:

Wie du mit Kritik umgehen kannst

1. Schweige und versuch alles, um nicht auf die Kritik einzugehen.
2. Lenke ab, rede schnell über etwas anderes.
3. Weise zurück und zähle viele Ereignisse auf, die das Gegenteil beweisen.

4. Verschiebe die Kritik auf andere, am besten auf die KritikerInnen und weise deren Versagen nach. Verwende den Satz: „Wir müssen uns jedoch alle an die eigene Nase fassen...“.
5. Zieh dich zurück: „Ich möchte erst alleine darüber nachdenken“ oder „Das möchte ich erst im Team besprechen“.
6. Stimme zu und dies möglichst schnell, so nimmst du den Wind aus den Segeln. Verwende dazu aber den Satz: „Ja, aber ...“.
7. Bezichtige dich selbst. „Ja, das ist schon immer ein Problem von mir. Da bin ich aber schon seit langem dran“.
8. Lobe den Kritiker: „Ich finde es prinzipiell gut, dass du das ansprichst“.
9. Verwende die „Nonplusultra-Kombination“. Stimme schnell zu, bezichtige dich selber und lobe die KritikerIn (dagegen kommt niemand mehr an).
10. Sei emotional sehr betroffen und bringe dies entsprechend ’rüber.
11. Verbinde deine Betroffenheit möglichst mit einer vorwurfsvollen Haltung: „Da opfert man sich auf...“.
12. Verhalte dich als Opfer; du findest dann sehr schnell Mitleid und soziale Allianzen sind dir gewiss.
13. In der Allianz seid gemeinsam betroffen und entsetzt, nur so gelingt es, die KritikerIn endgültig kleinzumachen und auszugrenzen.
14. Sei lange nachtragend und unternehme auf keinen Fall irgendeinen Versuch der Aufklärung, sondern suche weitere Allianzen.

Wie du selbst am besten Kritik üben kannst

1. Sei spontan und mach deine Kritik aus dem Bauch heraus.
2. Beruf dich auf dein Gefühl: „Ich habe seit langem so ein gewisses Gefühl, dass etwas nicht stimmt.
3. Bleib allgemein: „Es wäre grundsätzlich zu hinterfragen, ob dies alles so stimmt.
4. Berufe dich auf autorisierte Positionen: „Dies ist nicht im Sinne unseres Konzeptes“.

5. Moralisiere, sei entsetzt und in höchstem Maße enttäuscht, dass dies alles so läuft.
6. Sei überzeugt und lass andere Sichtweisen erst gar nicht aufkommen.
7. Berufe dich auf den Sachzwang, auf Vorgaben, Beschlüsse, Vereinbarungen und die widrigen Verhältnisse.
8. Betone deine Fachlichkeit und Sachbezogenheit und vernachlässige den Beziehungsaspekt: „Ich möchte dich ja nicht persönlich kritisieren“ oder noch besser „Persönlich habe ich ja nichts gegen dich, ich mein das rein sachlich“.
9. Sei nicht der Erste, lass anderen den Vortritt in der Kritik, entscheide dann, wem du dich anschließt: „Das sehe ich so ähnlich“ oder nicke einfach nur zu, möglichst in alle Richtungen, dann machst du keinen Fehler.
10. Kritisiere am richtigen Ort möglichst immer dort, wo die betroffenen Personen nicht anwesend sind.
11. Warte ab und kritisiere möglichst am Schluss, wenn alle auseinander gehen und keine Zeit mehr für Erwiderungen ist. Damit erzielst du ganz sicher die höchste Wirkung.
12. Verpacke deine Kritik in möglichst mehrdeutige, ironische oder lustige Sprüche. Dann gibt es immer etwas zu lachen.
13. Lass Kritik spüren, ohne dich konkret zu äußern, aber lass alle spüren, dass irgendetwas anliegt. Das sichert dir auf jeden Fall viel Aufmerksamkeit.
14. Pflege dein kritisches Image. Hebe bei deinen Berichten (z.B. von AG etc.) all das hervor, was schlecht gelaufen ist, wer besonders unfähig ist und überhaupt, wie unmöglich das Ganze war. Nur so kannst du dich selber aufwerten.

Spontane Äußerung einer Kollegin: „Ich glaub gar nicht, dass etwas so richtig auf mich zutrifft, aber mir fallen sofort sehr viele KollegInnen ein.“

3. Verfahren der Qualitätsentwicklung und Steuerung

3.1 Systematik der Qualitätsentwicklung/ Steuerung

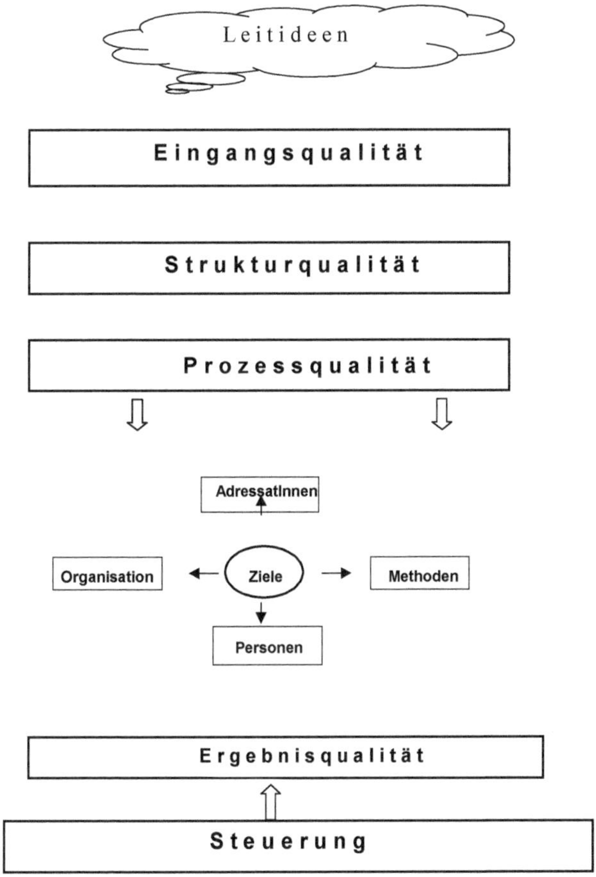

Vorbemerkung

Qualität im sozialen Bereich entwickelt sich vor allem in Kommunikations- und Interaktionsprozessen zwischen Menschen. Die AdressatInnen der Jugendhilfe sind damit Teil solcher Prozesse. Nur mit ihnen gemeinsam kann die Hilfe gelingen. Sie sind – im Sinne des Uno-actu-Prinzips – „Co-Produzenten" in den Hilfeprozessen.

Die Betonung der AdressatInnen und BürgerInnen als Subjekt der Jugendhilfe ist zentraler Punkt der hier vertretenen Qualitätsauffassung. Sie richtet sich kritisch gegen die zunehmende Dominanz einer betriebswirtschaftlichen Organisationslogik und gegen eine einseitige „Produktorientierung" der Jugendhilfe.

Subjektorientierung macht es notwendig, Hilfen individuell bedarfsgerecht zu gestalten, insbesondere gilt es, wie Hinte u.a. mit Recht betonen, von Willensäußerungen der AdressatInnen auszugehen und so „Maßanzüge" zu schneidern, anstatt lediglich „Hilfen von der Stange" anzubieten (Früchtel u.a.). Darüber hinaus sollen die sozialräumlichen Bezüge und insgesamt die allgemeinen Lebensbedingungen stärker berücksichtigt und für die Hilfeerbringung genutzt werden. Dies erfordert Flexibilität in der Planung und Ausgestaltung der Hilfen.

Produktorientierung dagegen führt zur Versäulung. Es wird hier versucht, Hilfeformen institutionell wie stationär, ambulant, SPFH, Erziehungsbeistandschaft etc. zuzuordnen, auf Dauer zu stellen und kostenmäßig zu erfassen. Dies ist für eine flexible Gestaltung der Praxis eher hinderlich.

Qualitätsmanagement in der Jugendhilfe als „Struktur-, Prozess- und Ergebnisqualität"

Struktur-, Prozess- und Ergebnisqualität (vgl. einführend: Gerull oder Merchel) sind inzwischen eingängige Vokabeln auch in der Jugendhilfe. Ohne Angaben zu Verfahren, wie diese drei Qualitätsbereiche zueinander in Beziehung gesetzt werden sollen, bleiben die Bereiche defizitär. Wesentliche Merkmale qualitativer Prozesse, wie z.B. Zielorientierung oder die Bedeutung von Grundhaltungen, werden zudem nicht explizit genannt. In der nachfolgenden konzeptionellen Darstellung haben die Begrifflichkeiten „Struktur-, Prozess-, Ergebnisqualität“ zwar eine wichtige Bedeutung, werden aber in ein erweitertes, ganzheitliches Verfahren gemäß des einleitenden Schaubilds (s.o.) einbezogen:

Ausgangspunkt dieses Verfahrens sind übergeordnete *Leitideen* und Visionen, aus denen heraus sich Qualität inhaltlich bestimmt. Diese Leitideen sind jedoch nur wirksam, wenn die Beteiligten sich damit identifizieren und so von ihrer Grundhaltung her bereit sind, ihr Handeln nach diesen Leitideen auszurichten. Nur wenn diese gemeinsame Grundhaltung bei den Trägern und ihren Fachkräften vorhanden ist, ist eine Basis für die gemeinsamen Vorgehensweisen gegeben. Deshalb ist es wichtig, von vornherein die grundsätzliche Bereitschaft zur Zusammenarbeit im Sinne der Leitideen zu klären. Die Wichtigkeit dieser grundsätzlichen Bereitschaft wird mit dem Begriff *Eingangsqualität* hervorgehoben.

Strukturqualität bezieht sich auf die Organisationsstrukturen und Vorhalteleistungen wie Planstellen, Eingruppierung, Ausstattung etc. In der bisherigen Jugendhilfe wurde unter Qualität vorrangig die Organisation solcher Strukturen verstanden. Die Anstellung eines Therapeuten, das Vorhalten einer Immobilie oder eines Pferdes zu therapeutischen Zwecken erlauben jedoch noch keine ausreichende Aussage zur Qualität einer Einrichtung.

In Bezug auf die *Prozessqualität* gibt es dagegen eher wenige Erfahrungen. Prozessqualität ist aber von zentraler Bedeutung für die Qualitätsentwicklung. Hier entwickelt sich Qualität im eigentlichen Sinne. In dem dazu dargestellten Verfahren, symbolisiert durch die unten abgebildete Matrix (A→ZOMP), wird versucht, diesem Prozesscharakter gerecht zu werden. Es ist dabei notwendig, dass bei allen Planungs- und Hilfeprozessen immer ein Bezug zu den einzelnen Qualitätsbereichen der Matrix hergestellt wird. Daraus ergeben sich eine ganzheitliche und sehr konkrete Handlungsorientierungen für die Gestaltung von Prozessen (ausführlicher zu A.Z.O.M.P. siehe weiter unten).

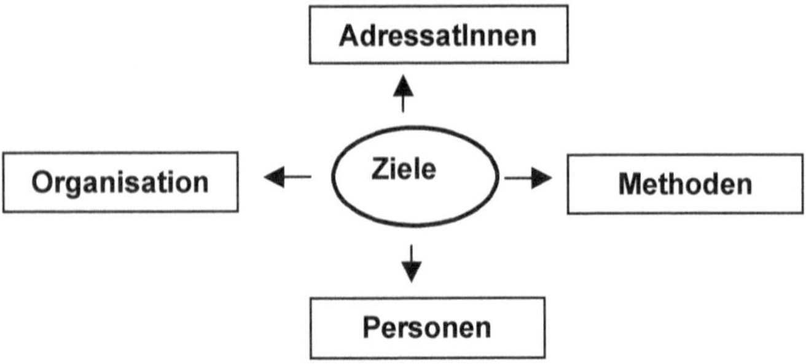

Bei der *Ergebnisqualität* sollen die erzielten Wirkungen festgestellt werden. Dies berührt den Punkt „Messen" sozialer Belange, ein Ereignis, das noch unterschiedlich bewertet und teilweise auch tabuisiert wird.

Bei einer zielorientierten Planung ist es jedoch unumgänglich festzustellen, ob und in welchem Maße die Ziele erreicht wurden. Allerdings müssen die Messverfahren den jeweiligen inhaltlichen Anforderungen entsprechen. Hier ist noch Entwicklungsarbeit notwendig, z.B. bezogen auf Kinder, die nicht selten gerade bei diesem Thema kreativ sind.

Unter *Steuerung* wird auf Grund der Ergebnisse über neue Ziele und Prozessabläufe entschieden. Über die Steuerung schließt sich dann das Gesamtverfahren als Feedback-System.

Die einzelnen Verfahrensschritte werden nun nachfolgend ausführlich dargestellt:

Eingangsqualität

Die „Eingangsqualität" bezieht sich auf wichtige, kommunikative und kooperative Grundbedingungen einer guten Qualitätsentwicklung. Sie beinhaltet die Transparenz über fachliche Haltungen und Einstellungen sowie Verfahrensverbindlichkeit in der partnerschaftlichen Zusammenarbeit zwischen dem öffentlichen Träger und der „Trägerkooperation der freien Träger" sowie der freien Träger untereinander.

Eine besondere Bedeutung hat die Eingangsqualität auf das Verhältnis zwischen öffentlichem Träger und Trägerkooperation im Sinne von Auftraggeber und Leistungserbringer.

In der nds. Rahmenvereinbarung heißt es zum Begriff der Eingangsqualität:

> „Die Eingangsqualität bedeutet eine Erweiterung der bekannten Dreiteilung „Struktur-, Prozess- und Ergebnisqualität". Sie beinhaltet die Transparenz über fachliche Haltungen, Einstellungen sowie Verfahrensverbindlichkeiten für die beginnenden Prozess der partnerschaftlichen Zusammenarbeit zwischen Einrichtungsträgern und örtlichen Trägern der Jugendhilfe..."

Über die Einführung dieser Begrifflichkeit in ein Konzept der Qualitätsentwicklung soll sichergestellt werden, dass auf der Grundlage gemeinsamer Leitlinien und Zielsetzungen Dienstleistungen „aus einem Guss" erfolgen. Dies ist gerade bei dem Zusammenwirken verschiedener Träger wichtig. Dabei hat die Eingangsqualität besondere Bedeutung zwischen öffentlichem Träger, freien Trägern oder einer Trägerkooperation im Sinne von Auftraggeber und Leistungserbringer.

Bei einer „Trägerkooperation" kommt hinzu, dass hier freie Träger mit unterschiedlichen Traditionen ein kooperatives Zusammenwirken vereinbaren müssen Über die Eingangsqualität soll sichergestellt werden, dass trotz aller Unterschiedlichkeit sich dieses Zusammenwirken auf der Plattform gemeinsamer Leitideen und Ziele vollzieht.

Bei der Eingangsqualität geht es dabei nicht so sehr um eine Abgrenzung zu den Leitideen, sondern vielmehr um eine Bündelung der Leitgedanken im Sinne zentraler Grundhaltungen, um bei den Beteiligten inhaltliche Verlässlichkeit sicherzustellen. Von daher hat die „Eingangsqualität" eine wichtige Bedeutung für den weiteren Verlauf der Qualitätsentwicklung.

In Stichpunkten dargestellt sind folgende Merkmale wichtig:

Für den öffentlichen Träger

- ein geregeltes, strukturiertes Hilfeplanverfahren und eine sich daraus ergebende präzise Auftragslage. Hierzu gehört u.a.:
  - eine fachlich fundierte Recherche des „Einzelfalles",
  - eine umfassende und offen gehaltene Beratung über alle Möglichkeiten der Hilfe,

- Adressatenbeteiligung mit dokumentierten Willensäußerungen,
- Formulierung konkreter „Praxisziele“ auf Grund eines gemeinsamen Aushandlungsprozesses mit den Betroffenen
- Transparenz, insbesondere bei den Punkten
  - Fallzahlentwicklungen,
  - Kostenentwicklung,
  - Planungen im Rahmen der Gesamtverantwortung des öffentlichen Trägers,
  - Planungssicherheit, besonders im Bereich der sozialräumlichen Leistungen.

Für die freien Träger (Trägerkooperation)

- präzises verbindliches Leistungsangebot,
- geregeltes und strukturiertes Verfahren der Betreuungsplanung. Hierzu gehört u.a.:
  - kontinuierliche Fallbesprechungen,
  - zielorientierte Reflexion mit den Betroffenen,
  - Formulierung von Praxiszielen und deren Evaluation.
- Transparenz der pädagogischen Abläufe.

Gemeinsame Merkmale für den öffentlichen Träger und die Trägerkooperation

- gemeinsame positive Grundhaltung zur Umsetzung der Leitsätze,
- AdressatInnenorientierung, insbesondere durch
  - Beteiligung,
  - Aktivierung,
  - Förderung von Selbstorganisation,
  - fachlich fundierte Recherche des Falles unter Einbeziehung von Stärken und Ressourcen der AdressatIn des familiären und sozialräumlichen Umfeldes,
  - Kontinuität von Beziehungssystemen.
- Vertrauensvolle Zusammenarbeit, insbesondere durch

- frühzeitige, gegenseitige Information und Beteiligung,
- zügige Klärung von Missverständnissen,
- Akzeptanz des jeweils anderen Arbeitsfeldes/Aufgabenansatzes.

- Selbstmanagement der MitarbeiterInnen...
  - Selbstverantwortliche fachkompetente Aufgabenwahrnehmung,
  - Ausschöpfung der Vielfalt methodischer Ressourcen.
- Dialog und kritischer Diskurs als Methode zur Klärung unterschiedlicher Sichtweisen.

Strukturqualität
Strukturqualität bezeichnet die Voraussetzung und die Vorhalteleistung insbesondere in den Bereichen Organisation, Personal und Sachausstattung. Strukturqualität ist abhängig von den Zielsetzungen und Leitbildern und damit einem Prozess von Veränderungen unterworfen. So wie Zielsetzungen sich weiter entwickeln, müssen sich auch die strukturellen Voraussetzungen verändern und immer wieder neu anpassen.

Die Strukturen müssen sich an den Inhalten orientieren und nicht umgekehrt. Angebote und Maßnahmen sollten aufgrund konkreter Bedarfslagen entstehen und nicht weil Immobilien leer stehen.

Die strukturellen Bedingungen sind eine wichtige Voraussetzung für Qualität, aber dennoch keine Garantie, dass sich daraus Qualität in der täglichen Arbeit entwickelt. Eine gute Ausstattung und auch das Vorhalten eines gut qualifizierten Personals sagen z.B. noch nichts über die tatsächliche Qualität der geleisteten Hilfe. Qualität muss sich dann auf der Grundlage möglichst optimaler Strukturen erst noch in den kommunikativen Prozessen (Prozessqualität) entwickeln.

Die strukturellen Voraussetzungen sollen also die Entwicklung von Qualität unterstützen. Neben den üblicherweise angeführten Vorhalteleistungen ist hier noch zu erwähnen, dass ein verbindliches und angemessenes Konzept der Personalentwicklung eine wichtige Voraussetzung für die Herstellung guter Qualität ist. Dazu gehört besonders auch die Sicherstellung von formalen Entscheidungskompetenzen bei den MitarbeiterInnen. Notwendig sind geregelte und klar strukturierte Verfahrensweisen im Hilfeplanverfahren und im zielorientierten Vorgehen in der Evaluation etc. Dazu gehört die Anwendung entsprechender Methoden wie z.B. S.M.A.R.T oder A→ZOMP.

Wesentlich für die Qualitätsentwicklung ist, dass über die kooperative Vereinbarung in die Strukturqualität unterschiedliche Strukturmerkmale aufgrund der unterschiedlichen Trägerbedingungen eingehen. Dies gilt insbesondere für das Verhältnis zwischen öffentlichen und freien Trägern bezogen auf Zuständigkeit, Gesamtverantwortung, Auftragserteilung und Ausführung.

Im Folgenden werden stichpunktartig zentrale Merkmale der Strukturqualität aufgeführt:

Merkmale für den öffentlichen Träger
- Regelung zur Erziehungshilfeplanung
- Vorlage für das Hilfeteam gem. § 36 KJHG und Protokoll des Hilfeteams
- Abgestimmtes Hilfeplanverfahren
- Jugendhilfeplanung

Merkmale für die freien Träger (Trägerkooperation)
- Strukturiertes Verfahren der Betreuungsplanung
- „Beschwerdestelle“

Gemeinsame Merkmale
- Rechtsgrundlagen der Jugendhilfe
- Vereinbarungen
  - Leitsätze Celler Jugendhilfe
  - Kooperationsvereinbarung
  - Regelung Sozialraumbudget Erziehungshilfe Celle
  - Geschäftsordnung (Sozialraumgremien, Trägergremien, Budgetkoordination)
  - Qualitätsentwicklungsvereinbarung

- Leistungsbeschreibung

- Instrumente zur Qualitätssicherung
  - A→ZOMP
  - SMART
  - Hilfeplan
  - Operatives Controlling
  - AdressatInnenbefragung/HzE
  - Finanzcontrolling
  - Mitarbeiterbefragung

- Personalentwicklungsplanung
  - Fortbildungskonzept
  - Qualifizierung
  - Gemeinsame Fortbildung
  - Supervision
  - Entscheidungskompetenz von MitarbeiterInnen
  - Ausreichende Personalausstattung

- Ausstattung
  - angebotsspezifische Räumlichkeiten
  - angebotsspezifische Sachausstattungen

Prozessqualität
Prozessqualität bezieht sich im Wesentlichen auf Prozesse der Kommunikation, Interaktion und Kooperation zwischen Personen (AdressatInnen, Fachkräfte). Solche Prozessabläufe sind in der Regel komplex, dynamisch und schwer erfassbar, da es sich um eine Vielfalt von Möglichkeiten des miteinander Umgehens handelt. Verantwortung für den Ablauf und die Gestaltung der Prozesse haben die Fachkräfte.

Von daher lassen sich natürlich Prozessabläufe nicht eindeutig vorherbestimmen. Möglich ist es jedoch, sich mit Verfahrensweisen anzunähern. Die bereits erwähnte Qualitätsmatrix nach A→ZOMP ist ein solches Verfahren (ausführlicher dazu siehe weiter unten).

S.M.A.R.T ist ein weiteres Verfahren, über das zielorientierte Prozesse präzisiert werden können. Allgemeine Ziele werden zu spezifischen (ausführlicher dazu siehe weiter unten). A→ZOMP und S.M.A.R.T sind Verfahren, die versuchen, der Dynamik von Prozessabläufen gerecht zu werden.

Im Folgenden sollen nun exemplarisch einige wichtige Prozesse genannt werden.

Für den öffentlichen Träger

- Bedarfsfeststellung gemeinsam mit den AdressatInnen
- Beteiligung der AdressatInnen an für sie wichtigen Entscheidungsprozessen
- Beteiligung der Kooperationspartner an Planungs- und Entscheidungsprozessen

Für die freien Träger (Trägerkooperation)

- Kontinuierliche Beteiligung der AdressatInnen
- Kontinuierliche Reflexionsprozesse im Rahmen des Betreuungsauftrages
- Förderung von sozialen, gruppenbezogenen und stadtteilorientierten Prozessen
- aktive Informations- und Klärungsprozesse mit den Kooperationspartnern

Gemeinsame Merkmale für den öffentlichen Träger und der Trägerkooperation

- Aktivierung und Förderung von Selbsthilfe- und Selbstorganisationsprozessen bei den AdressatInnen
- Beteiligung der eigenen Fachkräfte an Planungs- und Entscheidungsprozessen
- Kommunikation bei wichtigen Ereignissen und gegenseitiger Unterstützung
- gemeinsame Qualifizierungsprozesse
- zielorientierte Reflexion und kritischer Diskurs
- Kollegiale Beratung als Methode

Ergebnisqualität

Bei der Ergebnisqualität geht es um Evaluation, also um Beurteilen, Bewerten und Messen. Im Mittelpunkt steht die Überprüfung der Zielerreichung. Es ist dafür notwendig, geeignete Methoden zu nutzen und sie auch so weiter zu entwickeln, dass sie den Belangen der sozialen Arbeit gerecht werden. Dies ist insofern wichtig, weil Messen im sozialen Bereich noch ungewohnt ist und sehr unterschiedliche Reaktionen hervorruft: Tabuisierung auf der einen Seite und Messgläubigkeit andererseits. Beide Reaktionen sind gleichermaßen überzogen. Anzustreben wäre die Spannbreite der Möglichkeiten, ausgehend von „weichen Verfahren", wie z.B. offene Befragungen, Plausibilitätserklärungen (narrative Methode), über standardisierte Befragung bis hin zu Skalierungen und Kennzahlenbildung situationsadäquat auszuschöpfen. Exemplarisch sind auf die Träger bezogen folgende Merkmale der Ergebnissicherung u.U. wichtig:

Für den öffentlichen Träger

- sozialstatistische Daten (z.B. Sozialraumanalyse)
- Daten der allgemeinen und budgetrelevanten Finanzentwicklung
- Ergebnisse kommunaler Evaluationen
- Ergebnisse aus dem Hilfeplanverfahren
- Ergebnisse langfristiger Wirkungsanalyse
- Ergebnisse aus dem operativem Controlling
- Ergebnisse der AdressatInnenbefragung

Für freie Träger oder Trägerkooperationen:

- Dokumentation eines zielorientierten Mitteleinsatzes (Budgetkontrolle)
- Dokumentation pädagogischer Ergebnisse
- Dokumentation der sozialräumlichen Arbeit

Beide könnten interessiert sein an

- der Dokumentation von Ergebnissen aus der gemeinsamen Gremienarbeit (Planung und Steuerung, Sozialraumgremien-Gremien, Qualitäts-AG);

- einer übersichtlichen Darstellung steuerrelevanter Ergebnisse aus gemeinsamen Auswertungen und Diskursen (Fachtage, Erziehungshilfeworkshop).

3.2 Leitideen und Leitsätze

Leitideen sind auf Zukunft gerichtete Visionen und Leitbilder, in denen ein bestimmtes Menschenbild, Grundwerte aber auch Grundrechte zum Ausdruck kommen.

Auch wenn solche Leitbilder sehr allgemein formuliert werden müssen, sind sie wichtige Leitlinien für unser Handeln. Wenn z.B. in den nachfolgenden Ausführungen von Integration und Beteiligung gesprochen wird, steht dahinter das allgemeine Leitbild, Menschen einzubeziehen und nicht auszugrenzen. Die Bestimmung der Leitideen durch allgemein akzeptierte menschliche Grundwerte ist natürlich in sozialen Berufen von besonderer Bedeutung. Die Tendenz in der Sozialarbeit zur pragmatischen „Handwerkelei“, sich wenig um übergeordnete Ziele zu kümmern, das Handeln „aus dem Bauch heraus“ zu favorisieren, führt eher zur Willkür als zur Qualität.

Im Folgenden werden solche Leitideen beispielhaft als „Leitsätze“ formuliert[15]. Ihre thematische Struktur ergibt sich aus der Qualitätsmatrix A→ZOMP

- AdressatInnen
- Ziele
- Organisation/Struktur
- Methoden/Fachlichkeit
- Personalentwicklung

In den Leitsätzen werden Ausführungen zu folgenden Punkten gemacht:

AdressatInnen
- Subjektorientierung
  - Jungen- und Mädchenarbeiten

15 Beispiel aus Qualitätsentwicklungsvereinbarung Celle

- Selbstbestimmung
- Partizipation
- Integration
- Ressourcenorientierung
- Prävention

Ziele
- sind hier die Leitsätze selbst

Organisation
- integrativer, flexibler, sozialräumlicher Hilfeansatz
- Kooperation
- Vernetzung
- wechselseitige Beteiligung öffentlicher und freier Träger
- dezentrale Organisations- und Entscheidungsstrukturen
- Institutionalisierung einer zielorientierten Zusammenarbeit (Kontrakt)

Methoden / Fachlichkeit
- subjektorientierte Beratungsmethoden
- GWA als Arbeitsprinzip
- Gleichwertigkeit von einzelfallbezogenem und sozialräumlichem Handeln
- Zielorientierung
- Anwendung von Steuer- und Evaluationsverfahren
- kontinuierliche Qualifizierung

Personalentwicklung
- wertschätzende, offene Kommunikation
- Sicherung von Weiterqualifizierung und Chancen beruflicher Perspektiven
- Förderung von Fähigkeiten und Kompetenz

3.3 Steuerung

Die Steueraufgaben ergeben sich aus Konzept (Leitsätze, Qualitätskonzept) und Trägervereinbarungen. Unter „Steuerung“ soll dabei ein Feedback-System zur erfolgreichen Sicherung gemeinsam erarbeiteter Ziele verstanden werden. Prinzipiell ist dabei zu unterscheiden zwischen Selbst- und Außensteuerung und analog dazu zwischen Selbst- und Außenkontrolle. Ein weiterer Punkt der Steuerung ist die Sicherstellung der im Qualitätskonzept festgelegten Qualitätsstandards und Verfahrensweisen. Damit die Steuerfunktionen wahrgenommen werden, sind von den Kooperationspartnern Personen zu autorisieren.

Gesamtsteuerung in gemeinsamer Verantwortung öffentlicher und freier Träger

In einer Kommune übernehmen der öffentliche und die freien Träger (Trägerkooperation) Gesamtverantwortung. Steuerfunktionen können z.B. folgende Gremien haben:

- der Jugendhilfeausschuss
- Planungs- und Steuerungsgruppe (Leitungsebene)
- AG Qualität
- Foren der Fachkräfte (Sozialraumgremien, Arbeitskreise)

Steuerung in Teilbereichen
Teilbereiche ergeben sich über die Aufteilung nach sozialräumlichen Bezirken, für die jeweils ein Sozialraumgremium zuständig ist.

Sozialraumgremien
Sie setzen sich zusammen aus Fachkräften des ASD und der Trägerkooperation. Sie haben folgende Steuerfunktionen:

- Steuerung der sozialräumlichen Arbeit
- Steuerung der Fallverteilung (nur freie Träger)

Die Funktionen differenzieren sich durch die unterschiedlichen Zuständigkeiten zwischen ASD und freien Trägern. Sie sind idealer weise in einer Geschäftsordnung festgelegt.

AG Finanzen
Dies ist ein Gremium mit dem Auftrag, kostenrelevant Leistungen in einem gemeinsam vereinbarten Finanz-Rahmen (z.B. Budget) zu koordinieren und zu steuern.

Steuerfunktionen
Es gibt unterschiedliche Verfahrensweisen der Steuerung:

- *ziel- und ergebnisorientierte Steuerung.* Zielsetzungen und die erzielten Ergebnisse bestimmen im Sinne eines Feedback-Systems das Handeln.
- *verfahrensorientierte Steuerung* bezieht sich auf die Steuerung von Prozessen. Es wird geprüft, ob die geplanten Prozessabläufe verfahrensmäßig eingehalten werden.
- *inhaltliche Steuerung.* Ergebnisse und Prozesse werden gemeinsam inhaltlich ausgewertet, diskutiert und Ziele neu festgelegt.

Prüfung und Kontrolle
Ein wichtiger, wenn auch heikler Punkt ist die Kontrolle und Überprüfung, ob gemeinsam festgelegte Kriterien und Prozessabläufe eingehalten werden.

Empfehlenswert ist es dabei, sich auf Verfahrenskontrollen zu beschränken. Damit ist gemeint, dass nur die Verfahrensschritte überprüft werden, aber nicht die Inhalte. Wenn z.B. regelmäßige kollegiale Beratungen bei einem Team vereinbart sind, so geht es nur darum zu überprüfen, ob diese kollegialen Beratungen stattfinden, nicht jedoch, welche Inhalte behandelt wurden. Die inhaltliche Erörterung erfolgt an anderer Stelle, z.B. in den dafür vorgesehenen Workshops und kritischen Diskursen. Die Prüfungen sollten selbst nach einem bestimmten Verfahren durchgeführt werden, das mindestens folgende Punkte enthält:

- gemeinsam festgelegte Prüfkriterien,
- Auswahl und Beauftragung von Personen zur Durchführung der Prüfungen,
- Schulung dieser „PrüferInnen“, um ein einheitliches Verfahren zu garantieren,

- Sicherstellung von Anonymität,
- Erstellung eines Berichtes.

Organisation der Steuerung
Gesamtsteuerung und Steuerung in Teilbereichen sowie Kontrollfunktionen werden nach ausreichender Diskussion mit den Fachkräften, so weit sie nicht von einer übergeordneten Planungs- und Steuerungsgruppe wahrgenommen werden, auf entsprechende Gremien (Qualitäts-AG, Sozialraumgremien) delegiert. Die Aufgaben im Einzelnen sind idealerweise Teil der jeweiligen Geschäftsordnungen.

Organisation der Qualitätsentwicklung

a) Zielplanungen
Zielplanungen erfolgen am Anfang des Jahres und beziehen sich auf:

- allgemeine Rahmenziele, wie sie sich über die gemeinsamen Auswertungen und von den fachpolitischen Notwendigkeiten her ergeben.
- Zielformulierungen in den verschiedenen organisatorischen Einheiten.

b) Terminierungen

- Die Planungen erfolgen jahresbezogen.
- Zielplanungen sind bis Ende Februar abgeschlossen.
- Zwischenberichte werden zur Jahresmitte erstellt.
- Jahresauswertung in Zeit von: .... bis: ....
- Präsentation der Ergebnisse an einem Fachtag am: ....
- Präsentation im Erziehungshilfeworkshop am: ....

c) Dokumentation
Die Dokumentationen sollten möglichst nach einem einheitlichen Verfahren durchgeführt und übersichtlich dargestellt werden.

d) Hilfen zur Durchführung
Beratende Hilfen können abgerufen werden (z.B. über eine Qualitäts-AG). Sie beziehen sich im Wesentlichen auf:

- methodische Unterstützung bei zielorientierten Planungen,
- methodische Unterstützung und Moderation bei Auswertung und Präsentation der Ergebnisse,
- übersichtliche Zusammenstellung der Gesamtergebnisse.

e) Arbeitshilfen
Arbeitshilfen werden in gesonderter Form zusammengestellt. Dazu gehören z.B.:

- Check-Listen
- Messinstrumente
- Protokollform
- Mustervorlagen
- Arbeitshilfen zu SMART
- Arbeitshilfen zu AZOMP

Diese Unterlagen können ebenfalls über die AG – Qualität angefordert werden.

f) Diskussion der Ergebnisse
Unumgänglich ist, dass die erhobenen Ergebnisse einer gemeinsamen Diskussion bedürfen. Dafür ist vorgesehen:

- Erziehungshilfeworkshop
- Fachtage der Fachkräfte
- die Sozialraumgremien
- Foren mit Bürgerbeteiligung

Die Auswertungen sind Grundlage für neue Zielformulierungen.

Ganzheitliche Qualität nach A. →Z.O.M.P.

Unter dem Begriff A.→Z.O.M.P. werden fünf Qualitätsbereiche angesprochen, die Qualität im umfassenden und ganzheitlichen Sinne abdecken.

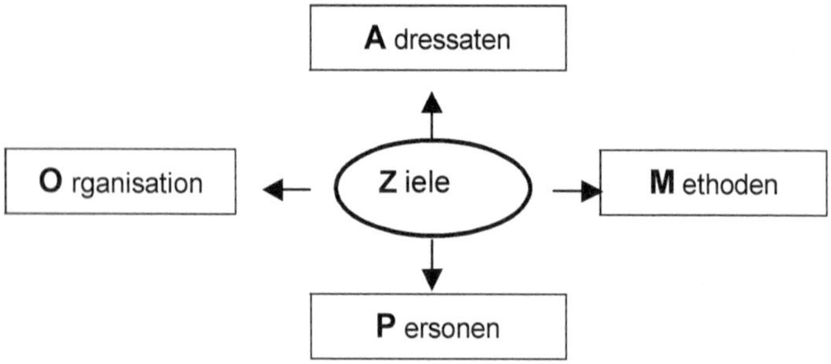

Diese Ganzheitlichkeit ergibt sich aus dem Bezug der Bereiche zueinander. In der Anwendung, bei Planungen wie auch bei der Gestaltung der Umsetzungsprozesse sind die A.→Z.O.M.P. Kategorien *gleichzeitig* und *gleichwertig* zu beachten.

A ↓	**AdressatInnen**	→	**direkte:** Personen, die direkte Förderung beanspruchen **indirekte:** Nachbarn, Schule, Jugendamt, pol. Gremien
Z	**Ziele**	→	übergeordnete Leitlinien, Grundwerte
O	**Organisation/ Struktur**	→	Angebote, Arbeitszeiten, Kosten Rechtsgrundlagen..
M	**Methoden/ Fachlichkeit**	→	methodisch-fachliches Können
P	**Personen**	→	Bereitschaft der professionell handelnden Personen

AdressatInnen (A)

Die Bedürfnisse und die Bedarfslage der AdressatInnen sind Ausgangspunkt der Qualitätsentwicklung. Qualität der Hilfen misst sich vorrangig an den AdressatInnen. Unterschieden wird zwischen direkten und indirekten AdressatInnen.

Direkte AdressatInnen sind die Personen, die Förderung direkt in Anspruch nehmen, also Kinder, Jugendliche und deren Familien, in der Regel bestimmt über ein Hilfeplanverfahren, jedoch auch andere Personen aus dem Stadtteil, die aufgrund der niederschwelligen, sozialraumorientierten Konzepte Hilfe in Anspruch nehmen.

Indirekte AdressatInnen sind Personen und Institutionen, die aus unterschiedlichsten Gründen ein Interesse an der Organisation der Hilfen haben, wie z.B. Nachbarschaft, Schulen, Geschäftsleute, politische Gremien, Jugendhilfeausschuss und Polizei etc. Nicht selten ist das Interesse der indirekten AdressatInnen bestimmender als das der direkt Betroffenen. Von daher ist darauf zu achten, dass das originäre Interesse der direkten AdressatInnen wirklich ausreichend bei den Zielformulierungen zur Geltung kommt.

Ziele (Z)
Ziele ergeben sich vorrangig aus den Bedürfnissen und der Bedarfslage der AdressatInnen. Ihr Wollen, ihre Sichtweisen sind maßgeblich für die Zielformulierungen. Es muss jedoch deutlich hervorgehoben werden, dass sich nicht alle Ziele über direkte AdressatInnen-Äußerungen herstellen. Ein Teil der Ziele ergibt sich aus den allgemeinen Bedarfslagen, durch gesetzliche Pflichtaufgaben oder durch politische Willensbildung, z.B. in einem Stadtteil bestimmte Angebote zu schaffen, um die Lebensbedingungen zu verbessern.

Organisation/Struktur (O)
Hierzu gehören Angebot, Kosten, Rechtsgrundlagen, Zuständigkeiten, Entscheidungsstrukturen, materielle Ausstattung, Personalvorhaltungen, allgemeine Rahmenbedingungen und Vereinbarungen etc. (dieser Punkt entspricht der „Strukturqualität“).

Methoden/Fachlichkeit (M)
Professionelle Qualität ist immer auch abhängig von dem methodisch fachlichen Können. Gerade bei weitgehenden Veränderungen mit herausfordernden Zielsetzungen ist es notwendig zu klären, ob die vorhandene Fachlichkeit für ein erfolgreiches Arbeiten ausreicht oder ob sie evtl. über entsprechende Qualifizierungsprozesse erst hergestellt werden muss.

Personen (P)
Hier sind die professionell handelnden Personen, also die Fachkräfte selbst, gemeint. Ihr Handeln und ihr persönliches Engagement sind, wie immer wieder in Qualitätsstudien hervorgehoben wird, eine äußerst wichtige Ressource. Dieses Stärkepotential erfährt oft nicht die gebührende Aufmerksamkeit. Dies gilt für die Fachkräfte selbst, wenn sie sich voneinander abgrenzen, statt sich kollegial in ihren Stärken zu fördern und zu ergänzen. Es gilt aber auch für die Verantwortlichen/Leitungen, die Kompetenzen ihrer AkteurInnen oft zu wenig wahrnehmen oder nicht wahrnehmen wollen.

Besonders wichtig ist eine gewisse fürsorgliche Aufmerksamkeit bei Überlastungsanzeigen, aber auch in Bezug auf persönliche Perspektiven und Chancen, sich beruflich zu entwickeln.

In der Q-Matrix soll nun unter (P) besonders auf die persönliche Motivation und Bereitschaft sich im Sinne der Ziele zu engagieren eingegangen werden.

Anwendungen von A→ZOMP

Ein Beispiel:

Eine Gruppe von Jugendlichen fällt häufiger durch aggressives Verhalten, Passantenbelästigung und Sachbeschädigung etc. auf. Die Professionellen eines Stadtteilprojektes möchten hier etwas tun.

Als Erstes ist es notwendig, mit den *direkten Adressaten*, also den Jugendlichen, Kontakt aufzunehmen und herauszufinden, was sie denken und wollen, wie ihre Lage ist. Aber auch die *indirekten Adressaten* (z.B. Ortsrat, Polizei, etc.) sind frühzeitig mit einzubeziehen.	A.
Daraus ergeben sich dann die Ziele. Hätten die Jugendlichen gerne Räumlichkeiten, um sich treffen zu können? Von professioneller Seite wird eine fachliche Begleitung als wichtig erachtet.	Z.

Diese erfordert eine gewisse Leistung der *Organisation*, des Herstellens. Räumlichkeiten sind zu finden, eine Mindestausstattung schaffen, finanzielle Mittel einzusetzen, Umweltressourcen zu aktivieren, über personelle Zuständigkeiten zu entscheiden u.a.m.	O.
Von der *Methode/Fachlichkeit* her könnte es sein, dass neben dem üblichen sozialpädagogischen Know-how Kompetenzen im Umgang mit Gruppen und in Cliquenarbeit gefordert sind.	M.
Die Professionellen als handelnde *Personen* diskutieren solche Anforderungen im Team und es stellt sich heraus, dass nicht jede Person in der Lage ist, sich diesen Anforderungen zu stellen, es bestehen gewisse Vorbehalte und auch Ängste. Man möchte den Anspruch einerseits erfüllen, andererseits bestehen Unsicherheiten, diese Art der Gruppenarbeit leisten zu können. Das Ziel ist in Frage gestellt, muss eventuell verworfen werden.	P.
Ein Kollege allerdings hätte Interesse und wäre bereit, unter bestimmten Bedingungen die Sache in Angriff zu nehmen. Notwendig wäre jedoch für ihn, sich zusätzliche *Methoden* anzueignen, z.B. über eine berufsbegleitende Qualifizierung. Dies verursacht allerdings zusätzliche Kosten. Hinzu kommt, dass ein Teil seiner jetzigen Aufgaben von den anderen Personen im Team übernommen werden muss. Diese Punkte rufen dann wieder den Punkt *Organisation* auf, unter dem dann geklärt werden muss, ob die finanziellen Mittel vorhanden sind und die TeamkollegInnen bereit sind, Arbeit zu übernehmen.	M. O.

3.4 Schema: Praxisziele herausfordernd und S.M.A.R.T. formulieren

Herausfordernd: Der als Ziel angestrebte zukünftige Zustand unterscheidet sich vom heutigen Zustand deutlich und stellt sich nicht von selbst ein.

Praxisziel:	**S**	✓
	M	✓
	A	✓
	R	✓
	T	✓

S - **spezifisch**	Die Ziele müssen konkret und spezifisch sein.
M - **messbar**	Wie und durch was ist zu erkennen, dass das Ziel erreicht wird.
A - **akzeptabel**	Das Ziel muss einen Zusammenhang zu den übergeordneten, **gemeinsam vereinbarten** Zielen/Grundwerten aufweisen.
R - **realistisch**	Das Ziel muss unter den gegebenen finanziellen, personellen, politischen... Bedingungen erreichbar sein.
T - **terminiert**	Ein Zeitpunkt für die voraussichtliche Zielerreichung ist anzugeben.

Erläuterung: In der schematischen Übersicht werden die Kategorien erklärt. „Herausfordernd" meint, dass die Thematik eine gewisse wichtige Bedeutung haben muss. Manche Ziele können fast routinemäßig erledigt werden. Sie müssen nicht mit S.M.A.R.T. präzisiert werden.

Besondere Bedeutung hat die Kategorie „Akzeptabel". Sie stellt als einzige einen inhaltlichen Bezug zu den übergeordneten Zielen und zu den Grundwerten her.

Das Schema lässt sich gut als Arbeitsblatt verwenden. Dann wird das Praxisziel in den leeren Kasten geschrieben und, wenn die S.M.A.R.T.-Kategorien erfüllt sind, in dem Prüfkästchen „abgehakt".

Eine beispielhafte Anwendung von S.M.A.R.T.:
Carsten, 12 Jahre, Ziele aus dem Hilfeplan

Aus dem Hilfeplan werden für die Betreuung von C. im Rahmen einer stationären Maßnahme folgende Zielformulierungen entnommen:

- Einfühlungsvermögen für andere Kinder entwickeln

- Schwächen zeigen können
- C. soll Freunde gewinnen
- merken, wenn er anderen wehtut
- pädagogisch konsequent geführt werden
- C. soll in der Schule besser lernen
- Gefühle äußern können
- in der Gruppe klar kommen
- in eine feste Tagesstruktur eingebunden werden
- andere akzeptieren
- Auseinandersetzung und Reibung erfahren
- seine Aggressionen abbauen

Am Beispiel Carsten soll nun versucht werden, über S.M.A.R.T. zu einem „Praxisziel“ zu kommen.

Ein Praxisziel ist ein konkretisiertes übergeordnetes Ziel. Die Konkretisierung erfolgt durch über die Methode S.M.A.R.T. Es ist erst dann ein Praxisziel, wenn alle fünf S.M.A.R.T.-Kriterien erfüllt sind

In dem Beispiel „Carsten“ soll zunächst als erste Konkretisierung die umfangreiche Auflistung von Zielen reduziert werden. Es unmöglich, dass Carsten alle Erwartungen erfüllen kann. Zudem sind einige widersprüchlich, so z.B. *„Aggressionen abbauen“* und *„Gefühle äußern“*. Die Erwartung *„pädagogisch konsequent geführt werden“* richtet sich an andere.

Unter dem Blickwinkel „Sich am Jugendlichen orientieren“ (Subjektorientierung“) fragen wir, an welchem Ziel könnte Carsten am ehesten Interesse haben. Wir nehmen an, dass dies das Ziel *„C. soll in der Schule besser lernen“* ist. Dieses noch recht allgemeine Ziel soll nun mit S.M.A.R.T. weiter konkretisiert werden. Dies geschieht über die nachfolgende Systematik. Die kritischen Begriffe, die der Konkretisierung bedürfen, sind jeweils unterstrichen.

Zunächst fällt das Wort *Soll* auf. Es weist darauf hin, dass dies eine von außen gestellte Forderung ist. Tatsächlich ist es die Mutter, die meint, Carsten müsste in der Schule besser werde. Bei der Klärung dieses Punktes wird deutlich, dass Carsten selbst auch Interesse hat, sich schulisch zu verbessern. Das Ziel heißt nun, *Ich will in der* Schule besser lernen. „Besser lernen" bezieht sich wiederum auf einen Prozess, der, wie bereits dargestellt, schwer messbar ist. Hilfreicher ist es, den angestrebten Zustand zu beschreiben, und der heißt hier, „ein *besseres Zeugnis* haben" haben. Ein „besseres Zeugnis" ist immer noch sehr allgemein. Wann kann man von einem besseren Zeugnis sprechen? Da C. insgesamt schlechte Noten hat, müsste er sich in mehreren Fächern verbessern. Das ist ein zu hoher Anspruch. Da kann zu Misserfolg führen.

Wir fangen klein an bei einem Fach: Mathematik, da liegt er mit seinen Noten zwischen 5 und 6.

Die nächste Konkretisierung lautet: *Ich will in Mathe eine* ***bessere*** *Note erreichen.* Hier ist dann wieder Frage: Was ist eine *bessere* Note? Wir einigen uns mit Carsten auf eine „3". Und zwar dass er in der Klassenarbeit in drei Wochen eine „3" schafft. Das wäre nun das *Praxisziel*: „Ich will in Mathe bei der Klassenarbeit in 3 Wochen eine „3" haben".

Wir prüfen dieses Praxisziel nochmals mit S.M.A.R.T. Wir nutzen dazu das S.M.A.R.T. Schema mit dem seitlich angeordneten Prüfbalken. Das Praxisziel ist konkret und spezifisch, (S), gut messbar (M), es ist ein sinnvolles erstrebenswertes Ziel, also akzeptabel (A), realistisch zu erreichen (R) und zeitlich terminiert.(T) Wir können nach dieser Überprüfung in den seitlich angeordneten Kästchen überall einen Haken machen.

Anmerkung: „Akzeptabel" (A)

Die Kategorie „Akzeptabel" hat sich als sehr wertvoll erwiesen. Sie stellt als einzige den Bezug zu dem übergeordneten gemeinsam anerkannten Ziel her. Sie sorgt weiter dafür, dass bestimmte Grundwerte beachtet werden. So können zum Beispiel bei der Abschiebung eines Jugendlichen aus der Einrichtung die Kriterien *„spezifisch, messbar, realistisch, terminiert"* schnell erfüllt sein. Aber ist dies menschlich auch *„akzeptabel"*? Der Bergriff *„akzeptabel"* verlangt als einziger ein inhaltliches Hinterfragen des Praxiszieles.

Handlungsschritte
Nachdem das Praxisziel formuliert ist, folgt das Programm der Umsetzung. Es müssen nun „Handlungsschritte“ formuliert werden. Besonders wenn mehrere Personen beteiligt sind, kann die „Protokoll Form“ genutzt werden. Hier wird dann eingetragen, wer, was, bis wann zu erledigen hat (siehe Anlage).

Anmerkung: „Praxisziel und Handlungsschritte“
Praxisziel und Handlungsschritte werden oft vermischt. Meist werden gleich Handlungsschritte formuliert, ohne dass das Ziel klar ist. Es ist sehr empfehlenswert, hier zu trennen und erst das Praxisziel klar herauszuarbeiten und dann erst zu fragen, wie setze ich es um. Hier in dem Beispiel ist das Praxisziel eine „3“ in der Klassenarbeit. Die Handlungsschritte dazu sind „Hausaufgaben notieren und regelmäßiges Üben von Matheaufgaben“.

Das Praxisziel sollte als zu erreichender Zustand formuliert werden. Eine „3“ haben ist gut erkennbar. Bei *Besser lernen* dagegen ist es schwieriger festzustellen.

Der Betreuer B
Um sein Ziel zu erreichen, braucht Carsten die Unterstützung seines Betreuers B. Auch B. muss sich ein Praxisziel setzen und dieses für sich evaluieren. Auf sich selbst bezogen hält der Betreuer seine eigene *„geduldige Aufmerksamkeit“* und seine *„methodische Vorbereitung*“ als Ziel wichtig, um Carsten erfolgreich zu unterstützen.

Evaluation
Unter *messbar* muss angegeben werden, wie festgestellt wird, ob das Ziel erreicht wurde. Die verschiedenen Möglichkeiten, etwas zu messen, sind in einem Überblick an anderer Stelle zusammen gestellt. Hier in diesem Beispiel kommt die „Smiley-Skala zur Anwendung und eine mündliche Bewertung des Lehrers.

Carsten bewertet immer am Schluss der Übungseinheit, wie er mit seiner Leistung in dieser Einheit zufrieden war mit einer Zahl von 1 bis 7. Der Betreuer B. bewertet ebenfalls die Leistung von Carsten.

Die Werte sind weiter unten als tabellarische Übersicht dargestellt. Am 7. Tag gab es keine Bewertung. Carsten hatte keine Lust und hatte abgebrochen. Dies schien sich schon am Vortag anzudeuten durch niedere Werte bei Carsten und bei dem Betreuer B. Bei der auf sich bezogenen Werte zeigt sich bei dem Betreuer B. ein hoher Wert *„methodische Vorbereitung"*, aber ein geringer Wert *geduldige Aufmerksamkeit"*. Daraus ergibt sich die Ahnnahme, dass der Betreuer B. zu viel erreichen wollte und ungeduldig war. Dies wurde in einem Beratungsgespräch von ihm bestätigt. Nach einem Gespräch mit Carsten klärte sich das, die Werte werden wieder besser.

In der Klassenarbeit hat Carsten zwar nur die Note „3-4" erreicht, der ganze Prozess konnte aber dennoch als Erfolg gewertet werden. Er hatte Lust am Lernen gewonnen und wollte weiter machen. Das ist vielleicht das wichtigste Ergebnis. Außerdem war der Lehrer beeindruckt und lobte ihn vor der Klasse. Auch das war sehr wichtig für seine Motivation weiterzumachen

Kritische Anmerkung
Es wird oft kritisiert, dass so heruntergebrochene Praxisziele zu einfach, vielleicht sogar banal seien. Kann in dem Beispiel „Carsten" wirklich eine „3" in der Klassenarbeit ein Beitrag zu seiner schwierigen Schulsituation sein?

Antwort: Es ist ein erster Schritt. Dieser Schritt kann eine Schlüsselfunktion haben. Ist er erfolgreich, kann Lust auf mehr, Lust auf Lernen entstehen. Das haben inzwischen viele Erfahrungen gezeigt. Deshalb ist es wichtig, diesen ersten Schritt sehr sorgfältig vorzubereiten. Gelingt er, können weitere erfolgreiche Lernprozesse auf den Weg gebracht werden. „Es ist besser, mit kleinen Sprüngen das Ziel zu erreichen, als sich bei einem großen die Beine zu brechen" (Spruch aus Afrika).

3.5 S.M.A.R.T. Präzisierung im Überblick

Ausgangslage	schwierige Schulsituation (siehe Hilfeplangespräch)
Übergeordnetes Ziel	Bessere Schulleistungen

Das übergeordnete Ziel wird zu einem „Praxisziel“ heruntergebrochen:

C. *soll* in der Schule besser lernen (Interessen klären).

Ich will in der Schule *besser lernen* (Prozess).

Ich will ein *besseres Zeugnis haben.*

Ich will in Mathe eine *bessere* Note erreichen.

Ich will in Mathe bei der Arbeit in drei Wochen eine „3“ haben (Zustand).

Praxisziel

„Bei der Mathearbeit in 3 Wochen will ich eine 3 haben.“	S	✓
	M	✓
	A	✓
	R	✓
	T	✓

Handlungsschritte (Programm)

Ich notiere immer genau die Hausaufgaben.

Ich übe an 4 Tagen in der Woche 1 Stunde mit meinem Betreuer B.

☹ ☺

Evaluation 1......2......3......4......5......6......7

Tag	1	2	3	4	5	6	7	8	9	10	11	12	Su	M	cor.
Junge C.	*3*	*4*	*4*	*5*	*4*	*3*	*?*	*6*	*6*	*5*	*5*	*6*	51	4,6	0,6
Betreuer B	*4*	*3*	*4*	*4*	*5*	*4*	*?*	*7*	*5*	*6*	*6*	*5*	53	4,8	

- Erzielte Note: 3-4 und Lob des Lehrers (bisher 5 u.6)
- C. hat Lust weiterzumachen

Ziele des Betreuer B

Ausgangslage

- siehe Hilfeplan von C.

Übergeordnete Ziele

- Vertrauensverhältnis
- ganzheitliches Lernen: angepasst an Motivation u. Leistungsfähigkeit von C.

Praxisziele: des Betreuers ✓

Bei jeder Lerneinheit ein hohes Maß (>= 4,5 SE) an • geduldiger Aufmerksamkeit • fachlich methodisch vorbereitet sein	S	
	M	
	A	
	R	
	T	

Evaluation → *Erfolgs-Bewertung*

- Skalenbewertung bei C.
- Skalenbewertung: „*Aufmerksamkeit*" und „*Vorbereitung*"

Erfolgsindikator: C. möchte die Übung auch in einem anderen Fach fortsetzen.

Handlungsschritte (Programm) → *Protokollform nutzen*

- angenehme Atmosphäre schaffen, Vermeidung von Störungen
- sich vorbereiten
- Methode der kleinen Schritte, Pausen

- „spielerisch“ lernen
- Lob, Belohnung

☹ ☺

1......2......3......4......5......6......7

Übungsleistung von C/ Tag.	**1**	**2**	**3**	**4**	**5**	**6**	**7**	**8**	**9**	**10**	**11**	**12**	**Su**	**M**
C schätzt Leistung selbst ein	*3*	*4*	*4*	*5*	*4*	*3*	*?*	*6*	*6*	*5*	*5*	*6*	**51**	**4,6**
B schätzt die Leistung von C ein	*4*	*3*	*4*	*4*	*5*	*4*	*?*	*7*	*5*	*6*	*6*	*5*	**53**	**4,8**

Selbsteinschätzung Betreuer B. /Tage	**1**	**2**	**3**	**4**	**5**	**6**	**7**	**8**	**9**	**10**	**11**	**12**	**Su**	**M**
geduldige Aufmerksamkeit	*6*	*6*	*5*	*6*	*3*	*2*	*?*	*6*	*5*	*5*	*6*	*4*	**55**	**5.0**
methodische Vorbereitung	*7*	*6*	*6*	*5*	*4*	*5*	*?*	*5*	*3*	*4*	*4*	*5*	**54**	**4,9**

Ein weiteres Beispiel:

Hier geht es um die junge Mutter C., 17 Jahre, bei der die Herausnahme ihres Kindes, 14 Monate, wegen Kindesgefährdung anstand. Die Nachbarn haben das Jugendamt informiert, dass die junge Mutter oft weg und das Baby nicht richtig versorgt sei.

Die Fachkraft des Jugendamtes stellte bei einem Hausbesuch die Gefährdung des Kindes fest und wollte eine Herausnahme in die Wege leiten. Die Mutter wollte aber das Kind behalten und äußerte: *„Ich will aber eine gute Mutter sein“*. Daraus ergab sich dann das übergeordnete Ziel: *„Ich will eine gute Mutter sein.“*

Mit der Betreuerin K. aus einer Einrichtung wurde dann versucht, daraus ein Praxisziel zu erarbeiten. Die ersten Konkretisierungen ergaben, dass das häufige „weg sein“ nicht stimmte und das Baby auch gut ernährt wurde. Bedrohlich war jedoch die Hygiene in der Wohnung, und hier besonders in der Küche und bei den sanitären Anlagen: Essensreste überall, schmutziges Geschirr, nicht weggebrachter Abfall, Windeln in der Spüle usw.

Daraus ergab sich dann ein Praxisziel, wie es unten in der schematischen Übersicht dargestellt ist. Die zu konkretisierenden Begriffe sind wieder unterstrichen (auf die Darstellung des Praxiszieles der Betreuerin K. wird hier verzichtet).

Programm:
Das Übungsprogramm war das Einüben der häuslichen Prozesse zusammen mit der Betreuerin. Die geschah in einer abgestuften Vorgehensweise, von täglicher Anleitung bist zur selbständigen Organisation des Haushaltes durch die junge Mutter.

Evaluation
In einem Selbstkontroll-Bogen kontrollierte die junge Mutter die in dem Bogen aufgelisteten kritischen Bereiche. Derselbe Bogen wird auch von der Betreuerin und von der Fachkraft im Jugendamt bei ihren unangemeldeten Hausbesuchen genutzt. Die Betreuerin führte regelmäßig mit der jungen Mutter Auswertungsgespräche. In Bezug auf Evaluation ist an dieser Stelle darauf hinzuweisen, dass es hier nicht zu sehr um eine objektive Messung, sondern um Indikatoren geht, über die dann gesprochen wurde. Am 8. Tag hatte die Mutter z.B. eine sehr unruhige Nacht, weil ihr Kind krank war. Es ist verständlich, dass dann, wie in jedem anderen Haushalt auch, manche Dinge liegen bleiben.

Deutlich wird in der Evaluation auch, dass bei niederen Werten und Gesprächen darüber in den folgenden Tagen Verbesserungen zu erkennen sind. Hier kann man dann sehen, ob die Gespräche nützlich waren. Diesbezüglich ist eine tabellarische Übersicht der Zahlen sehr hilfreich.

Ausgangslage:	Mutter C. (17 J.) mit Kind (14 Mon.) Kindesgefährdung
übergeordnetes Ziel:	Ich will eine *gute Mutter* sein.

Beratung: • Ernährung
• häusliche Anwesenheit
• *Wohnung Hygiene*

Küche + sanitäre Anlagen
• Müllentsorgung / Essensreste
• Geschirr spülen
• Windeln entsorgen

Dazu brauche ich Anleitung (von Betreuerin K.). Ich bin einverstanden, dass Frau S. (ASD) das manchmal kontrolliert.

Praxisziel:

„In 4 Wochen will ich erreichen, dass bei mir in der Küche/Klo/Bad immer eine gute Sauberkeit da ist.“	S	✓
	M	✓
	A	✓
	R	✓
	T	✓

Programm: 1. Woche – tägliche Anleitung durch K.
2. Woche – alle 2 Tage Anleitung durch K.
3. Woche – 1-mal/Woche Anleitung durch K.
4. Woche – C. ohne K.

☹ ☺
Messen: 1......2......3......4......5.......6......7

Mutter: 4 Wochen täglich

Betreuerin K.: 1 Woche täglich, dann je nach Anwesenheit

Frau S., ASD: an 3 unangekündigten Tagen ab 4. Woche

Die Junge Mutter C: *Selbstevaluation auf der Scala 1 bis 7*

Tage/ Thema	**1**	**2**	**3**	**4**	**5**	**6**	**7**	**8**	**9**	**10**	Su	+ + +	+ +	+	Bemerkungen
Essensreste	*5*	*4*	*4*	*4*	*4*	*4*		*3*	*6*	*6*	**40**		**x**		7. Tag
Müll	*4*	*4*	*4*	*4*	*4*	*4*		*4*	*5*	*5*	**38**		**x**		Keine Wertung
Windeln	*3*	*5*	*6*	*5*	*5*	*6*		*5*	*5*	*5*	**45**	**x**			Unruhige Nacht
Kinderzimmer	*6*	*6*	*6*	*4*	*5*	*5*		*4*	*4*	*4*	**44**	**x**			Baby krank
Abwasch	*6*	*5*	*5*	*4*	*5*	*4*		*4*	*5*	*6*	**44**	**x**			
Bad	*3*	*5*	*5*	*4*	*5*	*4*		*3*	*4*	*4*	**37**			**x**	
Toilette	*3*	*5*	*4*	*4*	*4*	*4*		*4*	*5*	*5*	**38**		**x**		
Flaschen	*5*	*5*	*5*	*4*	*4*	*4*		*4*	*4*	*5*	**40**		**x**		
Tageserfolg	**35**	**39**	**39**	**33**	**35**	**36**		**31**	**38**	**40**	**326**				

+ + + = sehr gut + + = gut + = nicht so gut

Kommentar

Bei den Bewertungen der Betreuerin K zeigte sich eine hohe Übereinstimmung mit denen der Mutter. Dies war jedoch eine gewisse Anpassung der Mutter. Denn sie wusste, wann die Betreuerin kam. Dies wurde durch die unangemeldeten Besuche der ASD Fachkraft deutlich. Hier ergaben sich sehr viel niedrigere Bewertungen. Die Fachkraft riet aber weiterzumachen. Erst nach weiteren 4 Wochen ließen sich die Verhältnisse verlässlich stabilisieren.

Die junge Mutter hatte sehr viel Spaß an dieser Art der Selbstbewertung. Dies ist ein Phänomen, das sich auch bei Kindern immer zeigt. Dies widerlegt die von Fachkräften häufig vorgebrachten Bedenken, die Adressaten hätten wenig Lust, solche Evaluationsmethoden anzuwenden.

Zielorientiertes Arbeiten mit S.M.A.R.T.

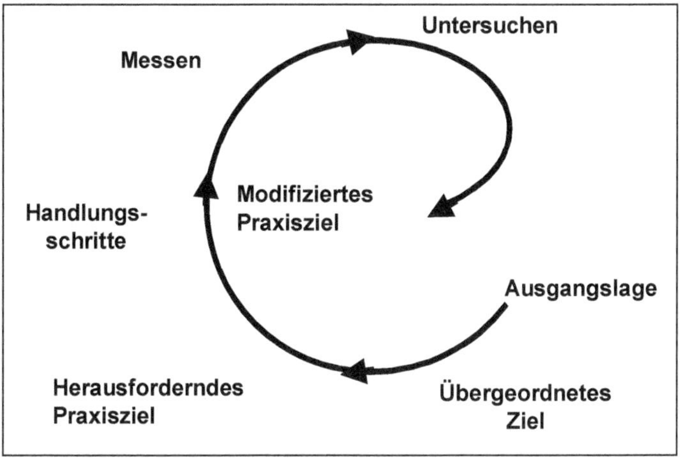

Erläuterung des Schaubilds

In der Abbildung wird der zielorientierte Prozess nach S.M.A.R.T. noch einmal nachgezeichnet. Es fängt bei der allgemeinen Problemlage der *„Ausgangslage"* an. Daraus ergibt sich das *„übergeordnete Ziel"*. Davon abgeleitet ist das „Praxisziel", dann kommen die *„Handlungsschritte"* der Umsetzung und das *„Messen"*, ein Vorgang, in dem festgestellt wird, ob man das Ziel erreicht.

Beim Handeln in der Praxis wird man immer feststellen, dass das Praxisziel doch nicht ganz praxisgerecht ist. Dies ist unvermeidbar, normal und kein Planungsfehler Die Praxis lässt sich in der Zielplanung nie ganz einfangen. Solche Abweichungen werden in der *„Untersuchung"* festgestellt, die ein selbstverständlicher Teil jeder Umsetzung sind. Daraus ergibt sich dann ein *„modifiziertes Praxisziel"*.

Bei dem Beispiel der jungen Mutter C. brachten die Praxisabläufe mit sich, dass die Terminierung verändert werden musste.

Erfahrungen mit A.Z.O.M.P. und S.M.A.R.T.

Bei Fortbildungen zur Einführung von A.Z.O.M.P. und S.M.A.R.T. kommen oft Bedenken dahingehend auf, dass die Verfahrensweisen zu viel Zeit forderten, und diese Zeit hätte man in der Praxis nicht. Dies ist eine Fehleinschätzung. Der Eindruck entsteht durch die ausführliche Darstellung der Methoden und die Einübung in kleinen Schritten. Eine solche methodische Einübung ist aber notwendig, weil ein gewisses Umdenken erforderlich ist. Es ist auch notwendig, einige Beispiele sehr präzise durchzuspielen und schriftlich aufzuzeichnen, damit die Anforderungen des „Konkretisierens, Messens" etc. erkannt werden. Danach vereinfacht sich das Vorgehen bis hin zur selbstverständlichen Anwendung. Wenn die Kategorien als Selbstverständlichkeiten im Kopf sind, dann reduziert sich auch der schriftliche Aufwand. Oft kann ganz auf ein schriftliches Vorgehen verzichtet werden, z.B. bei Zieldiskussionen oder allgemeinen Planungsgesprächen. Dazu muss man die Methoden allerdings ausreichend geübt haben und beherrschen, sie sind dann sehr hilfreich und erhöhen die Effizienz und Effektivität in auffallender Weise.

Nachfolgend wird noch ein Beispiel dargestellt, wie S.M.A.R.T. zur zielorientierten sozialräumlichen Planung genutzt werden kann.

Zielorientierte sozialräumliche Planung[16]

Ausgangslage:
Zu den „BewohnerInnen" in dem neuen „Wohngebiet X" besteht Abgrenzung der „alteingesessenen" Bürger und BürgerInnen. In dem „Wohngebiet X" soll ein Sommerfest zielorientiert geplant werden.

Übergeordnete Ziele:

- Beteiligung und Aktivierung von BewohnerInnen des „Wohngebietes X"
- Begegnung zwischen „Wohngebiet X" und „Alteingesessenen"

16 Aus Platzgründen kann hier nur beispielhaft die zielorientierte Planung mit S.M.A.R.T. dargestellt werden. Auf die Auswertung und Erfolgsbewertung muss leider verzichtet werden

Praxisziele:

• 2 BewohnerInnen sind bei der Organisation des Festes beteiligt.	S	✓
• 15 BewohnerInnen machen beim Fest Angebote.	**M**	✓
• 20 Erwachsene aus „Alteingesessenen" besuchen das Fest.	**A**	✓
• 40 Kinder der „Alteingesessenen" besuchen das Fest.	**R**	?
	T	✓

Handlungsschritte (Programm):
- Motivierung der BewohnerInnen -> Protokollform
- Werbung bei den „Alteingesessenen"
- Kontakt zu Schlüsselpersonen in Vereinen

Evaluation:
- Anzahl Beteiligung
- Intensität Beteiligung
- Einzelbefragung
- Expertenrating
- Erfolgsbewertung

3.6 (Selbst)Evaluation, Messen...

Evaluation heißt messen und bewerten. Es gibt in den Sozialwissenschaften ein breites Spektrum von Möglichkeiten, soziale Ereignisse zu evaluieren. Hier soll eine reduzierte Auswahl übersichtsartig dargestellt werden. Kriterium ist die einfache Anwendung in der Praxis. Bei einem subjektorientierten Konzept sind Prozesse der Selbstevaluation wichtig: Es gilt, sich selber Ziele setzen und sie selbst zu evaluieren. PraktikerInnen sind oft – und teilweise zu Recht – skeptisch, wenn das „Soziale" gemessen werden soll. Andererseits kommt es im Alltag immer zu Bewertungen, ob etwas gut, nicht so gut oder schlecht war. Es ist besser, sich dem Thema Evaluation und dem des Messens fachlich zu stellen und sich auf überprüfbare Kriterien und Verfahren zu einigen, als nur auf „Auswertungsgespräche“ zu setzen[17]. Selbstevaluationsprozesse können sehr viel mehr bewirken als außengesteuerte Zielvorgaben und Fremdkontrollen. Sie sind aber auf eine gewisse Vertrauenskultur angewiesen, um offen Ergebnisse darstellen zu können, gerade auch wenn Ziele nicht erreicht wurden. Wettbewerb und Konkurrenz wirken sich hier ungünstig aus. Günstig dagegen ist es, auch hier die Adressatenbeteiligung ernst zu nehmen: Kinder und Jugendliche sind sehr kreativ dabei, sich auszudenken, wie sie das Erreichen ihrer Ziele feststellen können. Es macht ihnen Spaß mit solchen Dingen umzugehen. Da es inzwischen zahlreiche Veröffentlichungen zu den Methoden der Selbstevaluation gibt (vgl. exemplarisch Beywl /Müller-Kohlenberg; König), sollen hier in einer Übersicht nur einige bewährte Messverfahren angeführt werden[18].

Thema	Beispiele
Gespräch: • (sehr) subjektiv • aufwändig • direkte Kommunikation • direkte kritische Bewertung • kein Vergleich möglich	• mündlicher Bericht • Auswertungsgespräche • Workshop
Basiszahlen • sind einfache Zahlenmengen. • haben begrenzte Aussagekraft. • keine Vergleiche möglich	• Zahl der Besucher • Ein Team hat 24 Elternkontakte • Fußballspieler A. schoss 12 Tore, B 3 Tore • Öffnungstage • Betreuungstage

17 Gespräche sind die gängige Art einer Auswertung in der Jugendhilfe. Als Form direkter Kommunikation haben sie Vor- und Nachteile. Sie sind sehr zeitaufwändig und abhängig von den jeweils anwesenden Personen. Der größte Mangel bei Gesprächen ist, dass Ergebnisse sich nicht (oder nur sehr schwer) mit anderen Auswertungsgesprächen vergleichen lassen. Eine Qualifizierung solcher Gespräche ist möglich, wenn bereits vorab Indikatoren und Kriterien der Bewertung festgelegt wurden und Methoden des „Kritischen Diskurses“ zur Anwendung kommen.

18 Ein ausführliches Papier zu Messverfahren und zur computerunterstützten Auswertung kann über den Verfasser bezogen werden.

Indikatoren/Schlüsselprozesse • sind bedeutungsvolle Hinweise • keine Messung • keine Vergleiche möglich	• wörtliches Festhalten des Adressatenwillens • der 1. Tag in der Einrichtung • kindgerechte Ausstattung • Führen eines Teambuches • Es gibt ein Qualitätskonzept
Kennzahlen: • sind gewichtete Basiszahlen • sind aussagekräftiger • Vergleiche sind möglich	• Pro Kopf Einkommen • Pflegesatz • Ein Team hat 24 Elternkontakte/Jahr • A. schoss 12 Tore in 6 Spielen, also 2/Spiel; • B. schoss 3 Tore in 6 Spielen, also 0,5/Spiel
Skala:	☹ ☺ 1 2 3 4 5 6 7
rating-Verfahren: Mehrere Personen schätzen einen Sachverhalt auf einer Skala ein. Es können Mittelwert (M) und Streuung (S) berechnet werden. Dieses Verfahren hat eine hohe Objektivität. Vergleiche zwischen Gruppen sind möglich. Die Streuung sagt etwas über das Bewertungsspektrum aus.	☹ ☺ 1 2 3 4 5 6 7 M s x x x 3,6 1,7

Rating-Verfahren (s.o.) können inzwischen auch mit Software-Unterstützung[19] durchgeführt werden. Ein Beispiel geben die beiden nachfolgenden Abbildungen 1 und 2. Es können Mittelwert und Streuung[20] und andere Funktionen ausgerechnet werden. Die schnelle Verwendbarkeit macht es mög-

19 Es wurden inzwischen mehrere Instrumente zur zielorientierten Arbeit und Qualitätssteuerung entwickelt; Interessenten können sich an den Autor wenden.

20 Das Streuungsmaß ist eine wichtige Ergänzung zum Mittelwert. Eine große Streuung(>"1") kann ein Ausdruck von Meinungsvielfalt, ein kleiner Wert (<"1") ein Zeichen großer Übereinstimmung sein.

lich, Auswertungen noch im Prozessgeschehen durchzuführen und die Ergebnisse den TeilnehmerInnen rückzukoppeln. Dies Form hat sich bei Teamsitzungen, Planungsgesprächen etc. bewährt. Es ist ein gutes Instrument für Prozesse der Selbstevaluation und Selbststeuerung.

Beispiel Abb. 1:

		☹						☺			
	Thema	**1**	**2**	**3**	**4**	**5**	**6**	**7**	N	M	s
A	Adressatenbezug	2	5	1	5	4	2	1	**20**	**3,7**	**1,7**
Z	Berücksichtigung übergeordneter Ziele	1	5	5	3	5	1		**20**	**3,5**	**1,4**
O	Organisation von Angeboten				3	9	7	1	**20**	**5,3**	**0,8**
M	Einsatz fachlicher Methoden		1	4	5	6	3	1	**20**	**4,5**	**1,2**
P	Persönliche Bereitschaft der Fachkräfte	4	2	5	4	6			**20**	**3,3**	**1,5**

Nach einer Tagesveranstaltung zur Einführung von „Sozialraumorientierung" in einer Kommune haben die beteiligten 20 Fachleute die Veranstaltung auf den Dimensionen A.Z.O.M.P. eingeschätzt. Hohe Werte (M=5,3) ergeben sich mit großer Übereinstimmung (s=0,8) bei der Organisation der Angebote. Zu Kurz kommen die Ziele, die Adressaten und Fachkräfte. Damit ist die Umsetzung nicht ausreichend gesichert (s. Abb. 1).

Abb. 2: Schülergruppen-Controlling: Prozesssteuerung mit Qualitäts- und Kostenwarnung

Tage	Datum		Nutzer	Fachkr.	Std./Kost	Ehren...	Std./Kost	Kenn zahl	Q Warnung	Kosten Warnung
1			10	1	€	5	€	**7,3**	**O K**	**O K**
1			10	2	€	1	€	**2,8**	**Vorsicht !**	**Vorsicht !**
1			14	2	€	4	€	**6,7**	**Vorsicht !**	**O K**
1			13	3	€	4	€	**5,2**	**O K**	**Vorsicht !**
1			14	2	€	5	€	**7,4**	**O K**	**O K**
5	Woche		**12**	**2,0**		**3,8**		**6**	**O K**	**Vorsicht !**

Im Beispiel Abb. 2 „Schülergruppe“[21] werden Stunden der Fachkräfte und der ehrenamtlichen Kräfte eingetragen, die in Schülergruppen am Tag geleistet werden. Es werden über die Software pro Tag, pro Woche und Monat Aussagen über Stundenverteilung und Einhaltung der Qualitäts- und Kostenvorgaben gemacht. Es erfolgen Warnungen, wenn die Vorgaben überschritten oder ein „ok“, wenn sie eingehalten werden. Vorher müssen natürlich gemeinsam Indikatoren festgelegt werden. Auch diese Form ermöglicht einfache Handhabung und ist gut zur Selbststeuerung geeignet.

21 Aus Gründen der Darstellung sind nicht alle Daten, z.B. Kosten in der Tabelle enthalten.

4. Sozialpolitische Auswirkungen des Konzeptes

Die sozialpolitische Wirkung des Konzeptes ergibt sich aus dem zu Grunde liegenden Menschenbild, der Methode und der Ausrichtung des Konzeptes auf Handeln. Erst über Handeln werden Wirkungen erzielt.

Methodisch ist die systematische Einbeziehung der *„äußeren Bedingungen"* von sozialpolitischer Bedeutung. Sie beziehen sich auf die gesellschaftlichen Verhältnisse, letztlich also auf die Lebensverhältnisse der Menschen. Probleme der Menschen sind nicht allein ihre individuellen Probleme, sondern haben immer auch etwas mit den allgemeinen Lebensverhältnissen zu tun. Sie können deshalb nicht ausgeklammert, sondern sollten bewusst einbezogen werden.

„Schulschwierigkeiten" eines Jugendlichen können mit ihm persönlich, mit seiner Leistungsfähigkeit, zusammenhängen, aber auch etwas mit der Schule, den Lehrern, dem Unterrichtsstil oder den Eltern zu tun haben. Wenn eine Jugendliche sich der Betreuung entzieht, dann muss das nicht eine persönliche Beziehungsunfähigkeit sein, sondern kann an den Bedingungen in der Einrichtung liegen.

Die Einbeziehung der „äußeren Bedingungen" meint nicht ein passives Betrachten oder Analysieren von Zuständen, sondern orientiert sich immer auf Handeln. Bedingungen können und sollen verändert und besser hergestellt werden. Menschen werden nicht nur von den Verhältnissen bestimmt, sondern können diese auch ändern… Diese Sichtweise ist von wesentlicher Bedeutung für das Konzept „sich am Jugendlichen orientieren". Sie konkretisiert sich im Menschenbild und in den Methoden. Sie hat sozialpolitisch herausfordernde Bedeutung.

4.1 Auswirkungen in der Praxis

Dieses Prinzip des Veränderns und Herstellens ermuntert zur offensiven Anwendung des Konzeptes. Es fordert auf, Menschen nicht an die Verhältnisse anzupassen, sondern „Verhältnisse“ und „Zustände“ zu hinterfragen und zu verändern.

Gleich zu Anfang gerieten wir mit dem Konzept in Widerspruch zur damaligen Heimerziehung. Viele Jugendliche wehrten sich gegen das Leben in den Heimen und liefen einfach weg. Es wurde ihnen als Erziehungsunfähigkeit und als Gruppenunfähigkeit ausgelegt. Das Weglaufen war eine deutliche Verhaltensäußerung gegen die damaligen Bedingungen der Heimerziehung. Wir entwickelten andere Formen, z.B. Mobile Betreuung (MOB), eine Betreuung in Wohnungen. Die Bewilligungsbehörden versagten aber die Anerkennung. Der Träger VSE geriet an die Grenze seiner Existenz. Erst nach langen Auseinandersetzungen schaffte ein Erlass des Niedersächsischen Kultusministeriums Anerkennung und Sicherheit. Damit wurden veränderte „äußere Bedingungen“ hergestellt und gute Voraussetzung für die MOB geschaffen. Es folgte die „Ambulantisierung“ mit der Möglichkeit, Betreuungsleistungen flexibel bedarfsorientiert zu gestalten. Sie wurden dann – aus finanziellen Interessen des öffentlichen Trägers – jenseits der ursprünglichen Bedarfsorientierung auf 10 Std./Woche „gedeckelt“ und umfassen jetzt in der Regel 5 Std. Hier zeigt sich ein Widerspruch zwischen Inhalt und „äußeren Bedingungen“.

In der Jugendhilfe entstand im Laufe der Zeit eine Vielfalt von Angeboten und damit verbunden manchmal eine ungünstige Zersplitterung von Leistungen, aufgeteilt auf verschiedene Institutionen oder Personen. Aus der Sicht der Betroffenen war dies ungünstig. Hinzu kommt, dass die angesprochene Vielfalt nicht immer etwas mit echten Bedarfslagen zu tun hat. Träger sind bekanntlich kreativ in der Schaffung von immer neuen Angeboten. Es geht dabei (auch immer) um Marktanteile und Trägerinteressen. Dabei entstehen Allianzen zwischen Medizinern, Psychiatern, Lehrern, den Fachkräften der Jugendhilfe und den Eltern. Es sind „marktförmige“ Prozesse, bei denen sich Parallelen zur künstlichen Bedürfnisweckung der Marktwirtschaft ziehen lassen[22].

Als Reaktion erfolgte eine Bündelung der Hilfen in „Jugendhilfeeinheiten"(JHE), um „Hilfen aus einer Hand" anzubieten bzw. zu organisieren. Es sind Organisationsformen der „äußeren Bedingungen". Sie sind aber nur dann konsequent am „Jugendlichen orientiert", wenn sie mit den beiden anderen Bereichen des Konzeptes korrespondieren, also mit Willensäußerungen und Verhaltensäußerungen der Betroffenen übereinstimmen. Hier liegen fach- und sozialpolitische Herausforderungen eines subjektorientierten Konzeptes. Diese Herausforderung setzt sich in den Betreuungsverhältnissen, in Hilfeplangesprächen, in Gesprächen mit der Schule, Arbeitgebern und Nachbarschaften fort. Die Fachkräfte sind immer wieder gefordert, sensibel mitzuhelfen, Widersprüche zwischen berechtigten Bedürfnissen und äußeren Bedingungen in Einklang zu bringen. Orientieren sie sich am Konzept, werden sie nicht umhinkommen, Partei zu ergreifen. Es fordert Mut, Widersprüche auszutragen, nicht vordergründig zu harmonisieren, nicht die Jugendliche zu überreden und sich nicht selbst anzupassen. Das Konzept „sich am Jugendlichen orientieren" ist kein harmonisierendes Konzept, sondern arbeitet mit realen Widersprüchen.

4.2 Das Konzept und der Bezug zur Sozialraumorientierung

Aus Sicht des Konzeptes „sich am Jugendlichen orientieren" bedeutet Sozialraumorientierung das Einbeziehen von Lebensräumen, die Gestaltung von Lebensverhältnissen und das Ernstnehmen von Lebenswelten. Die Ausschöpfung der hier sich ergebenden Möglichkeiten könnte ein „qualitativer Sprung" in der Jugendhilfe und der sozialen Arbeit sein. Hier ergibt sich eine neue Herausforderung an das Konzept.

---

22 Derzeit findet dies z.B. statt unter Begrifflichkeiten wie „Aufmerksamkeitsdefizitsyndrom (ADS), Hyperaktivität, Dyskalkulie, Lese-Rechtschreibschwäche, Teilleistungsschwäche" oder ganz pauschal unter„Lernstörungen" – für deren Abhilfe (zumal nach den PISA-Studien) offensichtlich ein Markt gesehen wird.

In der Praxis werden oft sozialräumliche Leistungen den Hilfen im Einzelfall gegenüber gestellt. Das ist insofern falsch, weil die Menschen, die zum „Fall" werden, auch in sozialräumlichen Verhältnissen leben. Diese Verhältnisse mit einzubeziehen, heißt Lebensbedingungen ernst zu nehmen und sich mit ihnen auseinander zu setzen.

Das allerdings ist sozialpolitisch bedeutungsvoll im Sinne von Auseinandersetzung mit den realen politischen Bedingungen. Obwohl dies unter dem Begriff „einmischen" immer gefordert wird, ist es eher eine Schwachstelle in der Jugendhilfe, die es durch eine konsequente Sozialraumorientierung zu überwinden gälte. Bei einer sozialräumlichen Verankerung müsste es nicht in dieser Weise zur Problemeskalation im „Einzelfall" kommen. Die Kontakte zu den Fachkräften vor Ort können sich früher herstellen. Wenn gilt, dass

- die Gewährung von Einzelfallhilfe eine Folge von Problemeskalationen ist,

dann könnte man folgern, dass

- bei einer gelungen sozialräumlichen Arbeit – durch Möglichkeiten frühzeitiger Kommunikation – solche Eskalationen häufiger vermieden werden könnten.

Probleme eskalieren an bestimmten Orten, in der Familie, der Nachbarschaft oder der Schule. Die hier vorhandenen sozialen Bezüge werden dadurch oft extrem belastet. Eine sozialräumliche Ressourcennutzung zum Wohle des Einzelfalles ist dann kaum noch möglich. Daraus kann man schlussfolgern:

- Die flexible Ausschöpfung sozialräumlicher Ressourcen im Einzelfall ist nur in einem geringen Maße möglich.
- Eine gute sozialräumliche Arbeit ist gleichbedeutend mit einer guten Ressourcennutzung.

Wenn Probleme sich erst über eine längere Zeit entwickeln und zuspitzen müssen, bis dann endlich Hilfe eingefordert wird, werden Chancen frühzeitiger Unterstützung vertan. Frühzeitiger Zugang heißt, dass die Situationen noch weniger problembeladen und Hilfen deshalb unkomplizierter zu leisten sind. Daraus ergibt sich, dass Einzelfallhilfen vom Prinzip her immer zu spät kommen. Dieses „Prinzipielle-zu-spät-Kommen" setzt sich auch nach der Gewährung der Hilfen fort. Auch hier erhöht sich der Fokus der Aufmerksamkeit erst, wenn sich die Schwierigkeiten wieder zuspitzen. Oft entsteht nur dann die Notwendigkeit zu intervenieren. Wir halten fest:

- Einzelfallhilfen kommen prinzipiell zu spät.
- Dagegen sind Hilfen über sozialräumliche Zugänge frühzeitiger möglich.

Hilfen, die sehr spät und immer erst nach Problemeskalationen zustande kommen, erfordern i.d.R. einen höheren und intensiveren Hilfeaufwand. Dies macht Einzelfallhilfen teuer und tendenziell auch problematisch. Bei Einzelfallhilfen, die auf Grund eskalierter Probleme zustande kommen, ist oft die Kommunikation unter den Beteiligten erschwert. Manchmal sind einschneidende Interventionen, wie z.B. Heimunterbringungen, notwendig, was sich zusätzlich erschwerend auswirken kann. Auch die kommunikativen Beziehungen zu den Fachkräften sind davon berührt. Wir können also begründet unterstellen, dass

- das problembeladene Zustandekommen der Einzelfallhilfen die kommunikativen Beziehungen unter den Beteiligten erschweren kann und
- sozialräumliche Hilfen sich unter deutlich besseren kommunikativen Bedingungen organisieren.

In den letzten Jahren hat sich das Image der Jugendämter durchaus positiv verändert. Dennoch sind die Barrieren immer noch hoch. Dagegen kann durch die niederschwellige und offene Zugänglichkeit bei den in den Stadtteilen verankerten Projekten unkomplizierter Kontakt aufgenommen werden und zwar auch ohne Problemnachweis.

- Die Schwelle des Zugangs zu Einzelfallhilfen ist für die Betroffenen hoch. Probleme sind Voraussetzung.
- Der sozialräumliche Zugang ist niederer und auch selbstverständlicher. Er kann auch ohne Problemnachweis erfolgen.

Für die vorrangig über den Einzelfall gesteuerte Jugendhilfe ergibt sich in der Zusammenschau des Gesagten ein äußerst denkwürdiger Sachverhalt: Einzelfallhilfe kommt vom Prinzip her immer zu spät, erreicht nur eine geringe Zahl von Menschen, ist wenig wirksam aber teuer. Genauer betrachtet heißt dies, dass Menschen Probleme haben müssen, damit Jugendhilfe in Anspruch genommen werden kann. Das reicht aber noch nicht. Sie müssen im fortgeschrittenen Masse Probleme haben. Ihre Schwierigkeiten müssen einen gewissen Eskalationsgrad erreicht haben, damit sie zum Jugendamt gehen und Hilfe im Einzelfall gewährt wird.

Dieser Teil der Jugendhilfe ist demnach defizitorientiert. Dies ist auch nicht wegzureden mit der wohl gemeinten Absicht, nicht von Defiziten, sondern von Stärken ausgehen zu wollen.

- Einzelfallhilfe ist von der Struktur her defizitorientiert.
- Es wird nicht auf Bedürfnisse reagiert, sondern auf Bedürftigkeit.

Wenn dies stimmt, bedeutet es auch, dass zumindest ein Teil der Jugendhilfe mit allen Fachkräften, Trägerkonstruktionen, Ausschüssen, Fach- und Spitzenverbänden davon lebt, dass es anderen Menschen schlecht geht. Sie leben von zerrütteten Familienverhältnissen, von den Schulschwierigkeiten der Kinder etc., also von der Not und dem Leid anderer. Ohne diese Not gäbe es manche Planstelle und vielleicht auch manchen Träger nicht. Hier zeigt sich eine makabere Seite der Jugendhilfe. Sie wird zynisch, weil inzwischen eine andere Jugendhilfe möglich wäre. Auf der Grundlage des Konzeptes „sich am Jugendlichen orientieren" ließen sich sozialräumliche Organisationsformen schaffen („äußere Bedingungen"), die es ermöglichen, frühzeitig auf Interessen und Bedarfslagen einzugehen. Es bietet sich über sozialräumlich verankerte Projekte die Möglichkeit, sich nicht nur als Klient und professionelle Fachkraft, sondern als BürgerInnen und Bürger in „Augenhöhe" zu begegnen, ohne überhöhte Experten- auf der einen und Laienpositionen auf der anderen Seite. Auch den Fachkräften bietet sich dann die Möglichkeit, in „Augenhöhe" zu kommunizieren. Sie können zudem größere Wertschätzung ihrer Arbeit erfahren und diese für sich selbst als persönliche Bereicherung erleben.

Eine grundlegende Veränderung mit dem Anspruch stärker von den Menschen und ihren Lebensbedingungen auszugehen, ist nicht unrealistisch. Sie ist bereits im 8. Jugendbericht und den nachfolgenden Konzepten (vgl. Peters/Hamberger 2004) angelegt, harrt aber noch ihrer Umsetzung.

Im Folgenden sollen an einigen ausgewählten Beispielen dargestellt werden, welche Möglichkeiten sich aus einer sozialraumorientierten Arbeit ergeben können:

Ein Junge züchtet Hühner und verkauft Eier

Der 12-jährige Junge einer allein erziehenden Mutter wird im Rahmen einer SpFH von dem Projekt betreut. Ziel war es, ihn in eine Gruppe, in eine soziale Gemeinschaft zu integrieren. Die übliche Versuche wurden gestartet: Sportverein, Kanuclub, Angelverein und Karate. Alle Versuche scheiterten, weil die Zielsetzungen nicht wirklich von ihm kamen. Die Betreuerin stellte bei Spaziergängen fest, dass er immer bei einer Tierzucht stehen blieb und zuschaute. Darüber wurde ein Kontakt hergestellt und er durfte ein halbes Jahr zur Probe mitmachen. Er bestand die Aufnahme, bekam ein Kaninchen und ein Huhn geschenkt und verkauft inzwischen an das Projekt und die Nachbarn Eier.

Der Junge am Gurkenstand

In einem Stadtteilprojekt nimmt ein 11-jähriger kurdischer Junge am Schülerprojekt teil und beschäftigt Betreuer, aber auch die Eltern über die Maßen. Er entzieht sich immer der Betreuung. Es heißt er sei „pädagogisch schwer erreichbar“. Seit einiger Zeit hält er sich, wenn in der Nähe Markt ist, immer an einem Gurkenstand auf. An diesem Stand wurde bisher noch nie gesichtet, dass irgendjemand eine Gurke kauft. Nicht ganz ohne pädagogische Absicht kauften die Profis mal eine Gurke. Das hob das Image des Jungen. Inzwischen steht der Besitzer neben dem Stand und der Junge dahinter, macht Angebote, hin und wieder einen Sonderpreis. Auch so kann man rechnen lernen.

Wie sich über eine andere Gestaltung der „äußeren Bedingungen“ die sozialräumlichen Möglichkeiten noch weiter ausschöpfen lassen, zeigt ein Beispiel aus Hamburg:

ASP Wegenkamp e.V.[23]

Der ASP ist ein 1985 entstandener Abenteuerspielplatz. Hier finden sich täglich etwa 20 Kinder ein und werkeln, hämmern, bauen, montieren und beschäftigen sich sonst irgendwie. Es kommen Jugendliche, Eltern und andere interessierte Erwachsene.

Interessant an dem ASP-Modell der offenen Jugendarbeit in freier Trägerschaft ist, dass daraus auch Hilfen zur Erziehung geleistet werden: Einzelfallhilfen, Ambulante Betreuung, stationäre Betreuung, Familienbetreuung, Schulbetreuung etc. Es gibt „Gästewohnungen“ zur Krisenintervention. Die Leistungen sind aufsuchend, begleitend und beratend. In der Konzeption heißt es: *„Allerdings werden die Zugangswege z.B. zu erzieherischen Hilfen von den meisten BesucherInnen des ASP Wegenkamp e.V. aufgrund ihrer formalen Ausgestaltung als unüberwindbare Hürde wahrgenommen.“* Und auf den ASP Wegenkamp bezogen: *„Ohne formale Antragstellung werden Hilfen flexibel, direkt und unkompliziert mit einer hohen Akzeptanz bei den StadtteilbewohnerInnen ermöglicht.“*

Der ASP arbeitet mit drei Planstellen, Honorarkräften und anderen Menschen, die mithelfen.

Eine weitere interessante Projektentwicklung auf der Grundlage des Konzeptes „sich am Jugendlichen orientieren“ mit fach- und sozialpolitischen Bedeutung, zeigt sich in dem Projekt SchülerInnen helfen SchülerInnen (ShS) in Celle.

---

23 Aus dem Informationsmaterial des ASP, das über folgenden Kontakt zu beziehen ist: Abenteuerspielplatz Wegenkamp 21, 22527 Hamburg, Tel. 040/541242.

Das Projekt SchülerInnen helfen SchülerInnen

(Nina und Martina Rudolph)

Das SchülerInnen-helfen-SchülerInnen-Projekt (ShS) ist 2001 aus der guten Kooperation zwischen Schule und Jugendhilfe entstanden. Die Hehlentor-Schule in Celle öffnete sich für Jugendliche, die Lust hatten, sich in ihrer ehemaligen Grundschule am Nachmittag für die Kinder zu engagieren. Die Jugendhilfe (der VSE) organisierte die Rahmenbedingungen und begleitete die Arbeit fachlich. Gemeinsame Projekte von Schule und Jugendhilfe waren bisher nur über Sonderförderprogramme des Landes möglich, da beide Finanzierungssysteme Schnittstellenaufgaben nicht absichern. Die existentielle Absicherung gelang vorerst aus Mitteln des Jugendhilfe-Sozialraumbudgets, das es in Celle seit 2001 gibt.

Die Jugendlichen arbeiten an 4 Nachmittagen in der Schule mit den Kindern. Sie helfen bei schulischen Aufgaben, in der Freizeitgestaltung und sind anerkannte Gesprächspartner für viele Dinge, die die Kinder beschäftigen. Die Jugendlichen werden in ihrer Arbeit von einem Sozialpädagogen unterstützt, der teilweise an den Nachmittagen dabei ist, für Besprechungen und zur Beratung zur Verfügung steht und Verhandlungen mit Schule und Jugendhilfe führt.

Für alle Beteiligten war überraschend, wie gut alles klappte. Kinder und Jugendliche haben viel Spaß miteinander und LehrerInnen erleben positive Entwicklungen. In der Pionierphase wurde manche Schwierigkeit (z.B. als die finanziellen Grundlagen noch nicht gesichert waren) über persönliches Engagement überbrückt. Inzwischen ist das Projekt Bestandteil von Schule geworden, ohne selber Schule zu sein. Für den Sozialpädagogen entstand ein neues, attraktives Arbeitsfeld. Das Projekt lebt von den Stärken, die Kinder und Jugendliche einbringen, und von der Nähe, die es zwischen ihnen gibt.

Dass so ein Projekt entstehen konnte, steht in direktem Zusammenhang zum Konzept „Sich am Jugendlichen orientieren". Die Beachtung auftretender Widersprüche zwischen den Bereichen verbale Äußerungen, Verhaltensäußerungen und den äußeren Bedingungen brachten immer wieder Konfrontationen (mit der Schule, mit den Fachkräften des VSE, im ASD und auch unter den Jugendlichen). Aus ihrer Überwindung ergab sich aber immer auch eine Weiterentwicklung: Ein gemeinsames, konzeptionelles Verständnis entwickelte sich, verbindliche Handlungsorientierungen wurden festgelegt. All das hört sich jedoch einfacher an, als es im Alltag abläuft. Konflikte ergaben sich z.B. daraus, dass die Jugendlichen, die von Anfang an dabei waren, nach mehr Verantwortung drängten. Sie wollten die Projekttage allein gestalten und mehr Selbstbestimmung.

Probleme mit der Schule und Fragen der Fachaufsicht, also „äußeren Bedingungen", erschwerten uns die Sicht auf die Anliegen der Kinder und Jugendlichen. Die aufkommende Unlust, häufiger werdende Fehlzeiten und direkte Kritik der Jugendlichen zwangen uns zur Auseinandersetzung.

Nina, die als jugendliche „Teamerin" von Anfang an dabei ist, berichtet von diesem Prozess:

„Das S.h.S. – Projekt ist ein Angebot des VSE, mit dem er gut ankommt – bei der Schule, in der Kommunalpolitik und auch sonst. Unsere SozialpädagogInnen erzählten immer wie toll alles sei und das es so gut klappt. Zunehmend bekam ich dabei aber ‚Bauchschmerzen'. Sahen sie denn nicht, dass immer mehr Schwierigkeiten aufkamen? Oder wollten sie die Probleme nicht wahrhaben, weil sie sich jetzt schon zu sehr mit dem Projekt beschmückt hatten? Uns Jugendlichen verging immer mehr der Spaß. Wir machten fast nur noch Hausaufgaben mit den Kindern. Das war echt frustrierend. Für uns und für die Kinder. Die SozialpädagogInnnen, die uns „begleiten" sollten, managten alles. Wir hatten nicht viel zu sagen.

Dabei fiel uns auf, dass wir inhaltlich doch 'ne ganze Menge zu sagen hätten. Schließlich sind wir selber noch SchülerInnen und damit genauso Teil der Schule wie die Kinder. Wir erleben den gleichen Frust mit den Lehrern, schreiben auch schlechte Noten, sind oft gestresst ... und immer wieder diese Hausaufgaben. Das führte zu der Überlegung, was wir hier eigentlich machten? Dafür sorgen, dass die Kinder am nächsten Tag perfekt ihre Hausaufgaben haben, um dem Lehrer den Unterricht zu erleichtern? Durch die Klassen laufen und gucken was die Kinder aufhaben, damit sie uns nicht verarschen? Frustrierende Erlebnisse vom Vormittag nachmittags noch mal wiederholen? Den Lehrern erzählen, wie sich denn das eine oder andere Kind so macht? Streit schlichten, zurecht weisen? Wir haben sogar 'mal überlegt, ob wir Sanktionen verhängen. Wir waren wie kleine Lehrer, Hilfslehrer. Wir diskutierten viel unter uns. Unsere Fragen überschlugen sich. Sind wir nur für Hausaufgaben da? Warum werden die Kinder von den Lehrern ausgewählt und damit ausgegrenzt? Widerspricht das nicht dem Anspruch des Konzeptes „sich am Jugendlichen orientieren"? Ja, tut es. Wir waren defizitorientiert, wie es dort so schön heißt, gingen also nicht von den Stärken der Kinder aus.

Ein Kurswechsel schien angebracht. Wir wollten wieder mehr das Soziale in den Mittelpunkt stellen: Gruppenaktionen, Projekte, bei denen die Kinder ihre Stärken erleben und selbstbewusster werden, die Projekttage selber gestalten, auch um den Kindern zu zeigen, dass Jugendliche in der Lage sind, etwas auf die Beine zu stellen, ohne dafür Anweisungen von einem Erwachsenen zu bekommen. Die SozialpädagogInnen stimmten uns zunächst zu. Das Soziale in den Mittelpunkt stellen, na klar wollen sie das auch. Als es aber dann darum ging, gar keine Hausaufgaben mehr zu machen, die Lehrer nicht mehr die Kinder auswählen zu lassen, auch mal Partei für die Kinder gegenüber der Schule zu übernehmen, wiegelten sie ab. Sie betonten massiv, dass Schule und Eltern Erwartungen an uns hätten und ob wir denn so leichtfertig das Projekt aufs Spiel setzten wollten. Das Gleiche erfolgte mit unserem Thema der Selbstbestimmung. „Finden wir gut, aber Aufsichtspflicht, Versicherung ..." Sie machten uns Druck mit den *„äußeren Bedingungen*". Damit wollten wir nichts zu tun haben. Wir versteiften uns auf den Inhalt. Was gingen uns Finanzen, Jugendamt und die Interessen der Lehrer an?

Der Konflikt spitzte sich zu. Nach Gesprächen, verschiedenen Beratungen unter Einbezug der konzeptionellen Methoden wurde uns deutlich, dass wir nicht nur auf den Inhalt pochen konnten. Wir mussten uns irgendwie auch mit den „äußeren Bedingungen" beschäftigen. Das hieß aber nicht, dass wir uns den PädagogInnen anpassten. Wir informierten uns über deren Aufgaben und forderten Transparenz. Das machte dann sogar richtig Spaß. Jetzt wusste ich auch, was im Konzept mit den drei Bereichen „verbale Äußerungen, Verhaltensäußerungen und den äußeren Bedingungen“ gemeint ist und dass hier Widersprüche entstehen. Mir wurde deutlich, dass es solche Widersprüche immer gibt und dass man sie gemeinsam überwinden muss. Das heißt nicht vorschnelle Kompromisse schließen. Diese Widersprüche werden im Konzept als dialektische Widersprüche gesehen. Das hatte ich auch schon in der Schule unter dem Thema „Dialektik der Aufklärung“. Jetzt habe ich auch endlich mal erfahren, „wie sich das anfühlt“.

Wir sind über die Auseinandersetzung unserer Widersprüche zu positiven Ergebnissen gekommen. Wir Jugendlichen gestalten die Projekttage selbstständig und verfügen über ein eigenes Budget. Die Kinder können ihre Hausaufgaben machen, es besteht aber keine Pflicht. Wir haben die Gruppe geöffnet und die Kinder laufen uns regelrecht die Tür ein. Und es macht wieder Spaß. Auch die Kinder merken unsere neue Haltung. Ich freu mich jetzt wieder, wenn ich endlich wieder ins Projekt kann und geh’ auch öfter ‚mal so’ vorbei. Einmal bin ich völlig frustriert von meiner eigenen Schule nach Hause gefahren, ich hatte richtig schlechte Laune. Unterwegs traf ich an der einen Ecke zwei Kinder, die mir strahlend „Hallo“ zuriefen, an der nächsten Ecke wieder drei, die mir zuwinkten und in meiner Straße noch ein paar, die sich freuten. Ich kam zu Hause an und hatte wieder gute Laune.

Aber solche Prozesse muss man erst ’mal positiv erleben und in kritischen Momenten daran glauben, dass sich wieder ’was Gutes herstellt, dass sich anstrengende Auseinandersetzungen lohnen. Man muss also eine „Grundhaltung“ dazu haben, wie es so schön im Konzept heißt – und einen langen Atem. Es ergeben sich nämlich auch schon wieder neue Widersprüche. Z.B. haben wir jetzt durch die offene Gruppe immer um die 25 Kinder. Das zeigt auf der einen Seite, dass wir für die Kinder wichtig sind, stellt uns aber vor die Frage, wie wir es schaffen, dass die einzelnen Kinder noch zu ihrem Recht kommen. Und es gibt einen Konflikt mit dem Schulleiter. Mal sehen, wie der ausgeht. Ich schätze positiv. Die Bedingungen sind gut. Eigentlich haben wir die gleiche Einstellung und Ziele. Obwohl es auch Unterschiede gibt – Widersprüche eben.“

Auch für uns Fachkräfte war die Auseinandersetzung, die Nina schildert, positiv. Es wurde dabei klar, dass wir uns den schulischen Erwartungen untergeordnet und dabei unsere eigenen inhaltlichen Vorstellungen vergessen haben. Dazu gehört z.B. die Erkenntnis, dass schulisches Lernen soziales Lernen braucht. Bildung ist nicht zu begrenzen auf Kognitives. Das Einbeziehung von Spiel, Spaß, Bewegung verstärkt Lernerfolge, macht Lernen für manches Kind überhaupt erst möglich.

Die Jugendlichen erreichten über die von ihnen eingeforderten Diskurse, dass wir unsere Grundhaltungen reflektieren mussten, die sich immer mehr an Trägerinteressen als an den Interessen der Kinder orientierten.

Im Ergebnis konnten wir festhalten: Die Kinder sollen am Nachmittag keine Wiederholung unangenehmer Erfahrungen erleben, sondern eine offene Schule mit Menschen, die sich für ihre Grundbedürfnisse nach Freundschaft, Selbständigkeit und Selbsttätigkeit einsetzen. Schule als Ort der Begegnung und der gemeinsamen Gestaltung zu einem guten anregungsreichen Ort für Kinder werden zu lassen, sind jetzt wieder zentrale Ziele.

Über das S.h.S.-Projekt ist viel an Kommunikation zwischen Jugendlichen, Lehrern, Eltern, Fachkräften und auch BürgerInnen im Stadtteil entstanden. Es gibt Aktivitäten zur Unterstützung wie z.B. die Gründung eines Fördervereins. Darauf sind wir angewiesen, denn die finanziellen Mittel des Projektes sind knapp. Mit solchen Aktivitäten verbinden sich für uns weitere Ziele zur Gestaltung des Stadtteils, zur Begegnung der Menschen und zum Zusammenleben mit MitbürgerInnen anderer Kulturen. Die Anregung solcher – sozialpolitisch wirksamer – Prozesse gehören mit zum Konzept.

4.3 Lokale Ökonomie

Ein weiteres Beispiel einer nutzbringenden Gestaltung der „äußeren Bedingungen“ ist der Bezug zu den sozialräumlichen lokalen Ökonomien. Mit „lokalen Ökonomien“ sind ökonomische Leistungen gemeint, die aus dem „Sozialen“

heraus entstehen. Üblicherweise wird unter Ökonomie unsere Wirtschaft verstanden und die dort stattfindende Erwerbsarbeit. Es gibt aber in den kommunikativen Zusammenhängen eines Sozialraumes eine Vielzahl von Tätigkeiten, die ebenso als Arbeit bezeichnet werden können. Dazu gehören Tätigkeiten wie Engagement für die Gemeinschaft, Tauschbörse, Handwerkliche Tätigkeiten, Reparaturarbeiten, gegenseitige Unterstützung bei der Betreuung von Kindern, ehrenamtliche Tätigkeiten, Kindererziehung und Schwarzarbeit.

Sie erfolgen gegen geringe Bezahlung oder unentgeltlich. Betrachtet man aber die Arbeitszeit, so beträgt diese, so führt T. Kunstreich, der sich mit diesem Thema ausführlich beschäftigt, aus, 2/3 der gesellschaftlichen Brutto-Arbeitszeit. Diese Zeit wird aber, obwohl gesellschaftlich relevant, nirgendwo erfasst oder gar ausreichend honoriert. Diese Art der Arbeit liegt quer zur bekannten Erwerbsarbeit. Sie ist nicht ganz unabhängig davon und tangiert die Erwerbsarbeit. Kunstreich nennt sie deshalb auch transversale Ökonomie.

Unsere beiden Beispiele „Eierverkauf“ und „Junge am Gurkenstand“ verdeutlichen dieses Thema sehr gut. Es würde sich lohnen, bei der Gestaltung der „äußeren Bedingungen“ und der Lebensverhältnisse lokale Ökonomien in unsere Arbeit mit einzubeziehen.

Sozialräume sind Lebensräume von Menschen. Von daher lassen sie sich auch räumlich nicht eindeutig definieren. Sie sind abhängig von der Mobilität der Menschen. Hier sind z.B. Alter, Geschlecht, sozialer Status, Armutsverhältnisse von Bedeutung.

Der Sozialraum ist vor allem Lebensraum der Kinder. Sie sind zu Fuß allenfalls mit dem Fahrrad unterwegs. Sie sind mehr noch als die Erwachsenen angewiesen auf ihren Lebensraum. Hier befinden sich wesentliche Lebensbedingungen ihrer Sozialisation, ihrer bildungsmäßigen Entwicklung, ihrer sozialen Integration, ihrer Möglichkeit sich mit ihrer Umwelt zu identifizieren oder aber auch, wenn solche Chancen nicht gegeben sind, sich aggressiv auszugrenzen.

Als Fazit kann festgehalten werden:

- In der bestehenden Jugendhilfe fehlt es immer noch an der nötigen Grundhaltung und methodischen Fähigkeiten, Kinder und Jugendliche ernst zu nehmen und sie an den Prozessen glaubwürdig zu beteiligen.
- Es geht bei der Sozialraumorientierung um die lebenswerte Gestaltung von Lebensräumen für Kinder und Erwachsene.

Über die Ausschöpfung sozialräumlicher Möglichkeiten deuten sich veränderte Perspektiven an. Ausgang ist nicht die Einzelfallhilfe, die versucht sozialräumliche Ressourcen zu nutzen, sondern umgekehrt die sozialräumliche Verankerung, aus der heraus sich Alternativen bis hin zu stationären Unterbringungen entwickeln können. Im Folgenden dazu einige konkretisierende Vorschläge.

4.4 Zusammenfassung

Die AdressatInnen

AdressatInnen sind alle Menschen in einem Gemeinwesen. Einen besonderen Schwerpunkt bilden Formen der Beteiligung von Kindern und Jugendlichen, Unterscheidungen in Hilfeplankinder und andere, in schwierige und weniger schwierige Kinder, Schulschwänzer und Problemfamilien sind stigmatisierend und nicht akzeptabel. Die besonderen Bedürfnisse von Mädchen und Jungen müssen bei Planung und Gestaltung berücksichtigt werden.

Örtliche Verankerung

Es ist wichtig, im Stadtteil persönlich bekannt zu sein. Die handelnden Personen, Fachkräfte und Ehrenamtliche müssen einen persönlichen Bezug zum Gemeinwesen haben und möglichst dort oder in räumlicher Nähe wohnen.

Organisation der Hilfen

Maßnahmen der Jugendhilfen bis hin zu Einzelfallhilfen und Hilfen mit Bett können aus dem Stadtteil heraus geleistet werden. Dies ist als Alternative zu sehen, die aber gestärkt werden und in größerem Maße wahrgenommen werden muss als bisher.

Hilfen müssen mit und ohne formale Antragstellung möglich sein. Aus den Sozialraum-Projekten können folgende Leistungen entwickelt werden:

- Kontakte, Beratungen, Unterstützungen
- Formlose Betreuungen
- Soziale Gruppenarbeit
- Einzelbetreuungen mit und ohne Hilfeplan
- Krisenintervention
- Hilfen mit Bett
- Kooperationsprojekte z.B. SchülerInnen helfen SchülerInnen
- Gestaltungsaktionen, Aneignung von Räumen, Flächen zur Kinder freundlichen Nutzung
- Projekte im Sinne lokaler Ökonomien werden gefördert

Aneignungsprozesse

In den Kommunen verdichten sich die Räume durch die Art der Bebauung, Straßenführungen, Parkplätze und Verkehr zu Ungunsten der Kinder und Jugendlichen. Sie sind aber mehr noch als die Erwachsenen auf soziale Lebensräume angewiesen. Hier gilt es, sich Plätze und Gebäude, die oft wenig, einseitig oder gar nicht genutzt werden, aktiv „anzueignen". Dazu gehören z.B. auch Schulhöfe, nicht genutzte Gelände und Turnhallen.

Flexible Arbeitszeiten

Die Regelarbeitszeiten in der Jugendhilfe decken sich nicht immer mit den Bedürfnissen der Menschen im Stadtteil. Kinder, Jugendliche, Alleinerziehende, alte Menschen und Erwerbstätige stehen in unterschiedlichen zeitlichen Anforderungen. Um Teilhabe zu ermöglichen, muss dies berücksichtigt werden. Das heißt also, sich nicht nur an räumlichen und infrastrukturellen Kriterien zu orientieren, sondern auch an zeitlichen.

Dies erfordert eine andere Arbeitsorganisation, die allerdings auch den Fachkräften gerecht werden muss.

Entscheidungskompetenzen

Gestaltung von Lebensräumen aus verlangt Beteiligung der Menschen, die dort leben. Teilhabe heißt über wichtige Dinge selbst oder mit entscheiden zu können. Oft kommt es hier zu Schein- und Alibibeteiligungen. Die Betroffenen werden eingeladen und gehört, ohne dass dies nennenswerte Auswirkungen hat. Entscheidungskompetenzen müssen verbindlich über Strukturen gesichert sein.

Planung, Steuerung, Organisationsentwicklung

Solche Prozesse gehen bisher weitgehend von oben nach unten. Dabei werden Fachkräfte zu Ausführenden und die Betroffenen zu Empfängern. Um Erfahrungen und Ressourcen optimal zu nutzen, müssen solche Prozesse auch von unten nach oben stattfinden und muss Verantwortung übertragen werden.

Finanzierung, Budget

Finanzierungsformen müssen, wenn sie bedarfsgerecht angewendet werden sollen, flexibel sein. Die Fachleistungsstunde erfüllte ursprünglich diesen Zweck als Stunden-Pool, der variabel genutzt werden konnte. Durch ausschließliche Reduzierung auf den Einzelfall und durch eine „Deckelung" von Stundensätzen ist dies nicht mehr möglich.

Mit einer Budget-Finanzierung verbindet sich ebenfalls die Vorstellung einer flexiblen Nutzung. Die Träger brauchen nicht mehr um Fälle zu konkurrieren. Die Träger können sich kreativ und flexibel der inhaltliche Gestaltung ihrer Arbeit widmen. Wird eine Ressourcennutzung über Ehrenamtliche, Kooperation und Vernetzung erreicht, bringt dies weitere finanzielle Vorteile. Der öffentliche Träger spart Verwaltungskosten. Die Vorteile heben sich aber auf, wenn für jede einzelne Hilfe differenzierte Einzelnachweise verlangt werden. Auch der erhoffte inhaltliche Gewinn stellt sich allein über ein

Budget nicht her. Das Budget muss Teil eines Qualitätskonzeptes und mit qualitativen evaluierbaren Zielen verbunden sein. Erfüllt sein sollten auch folgende Bedingungen: Die Zuordnung eines Budgets an die Träger muss als Budgetform an die Basis weitergereicht werden, um dort die kreative, flexible Umsetzung inhaltlicher Ziele zu erleichtern. Die Finanz- und Verwaltungsvorteile eines Budgets sollten zu Gunsten neuer Aufgaben umgewidmet werden können.

Organisationsformen

Die Arbeit im Gemeinwesen erfordert Organisationsformen, an denen die Menschen im Stadtteil direkt teilhaben können. Ein zwischengeschaltetes Funktionärswesen, Gremien und Ausschüsse sind weitgehend überflüssig.

Menschen kooperieren

Kooperationen organisieren sich bislang hauptsächlich als Kooperation von Trägern. Sie setzt sich über Gremien fort. Aufgaben verwirklichen sich bei dieser Struktur nur sehr schleppend. Gremiendominierte Kooperation hat den Nachteil, dass es oft zu viele „Bedenkenträger“ gibt. In den Institutionen und ihren Abteilungen ist es oft schwierig, Zuständigkeitsdenken zu überwinden und gemeinsam an einem Strang zu ziehen. Andererseits gibt es überall Menschen, die innovativ sein und etwas bewegen wollen: Es geht um ein Ende mit der angepassten Bescheidenheit. Es geht z.B. nicht, dass Amtsleiterin B. aus der ‚hohlen Hand heraus' entscheidet, wo die Grenzen der Jugendhilfe liegen, ob etwas noch sozialräumlich oder schon infrastrukturell ist, ob der hilfeplangesteuerte „Einzelfall“ intensivere Hilfe braucht als andere Kinder. Es gilt ein Engagement aus einem gemeinsamen sozialpolitischen Verständnis heraus (und nicht institutionell verordnet!) zu entwickeln. Es könnten sich eigene Organisationsformen bilden, möglichst zwanglos, keine „Parteistrukturen“, keine „öde Gremienarbeit“, kein Protokollwesen, mit flexiblen Formen des Austausches z.B. auch durch stärkere Nutzung virtueller Möglichkeiten.

Institutionen wie Jugendhilfe, Schule, Kita etc. können sich als Teil solcher sozialpolitischen Zusammenhänge verstehen, sich öffnen, Gestaltungsprozesse des Sozialen aufgreifen und sie im Rahmen ihrer Bedingungen fördern.

Handlungsorientierungen:

- Es gibt Projekte, die in ihrem Stadtteil gut verankert sind.
- Sie sind für Kinder, Jugendliche und BürgerInnen leicht zugänglich.
- Die Fachkräfte sind gut bekannt.
- Die Projekte sind sozialpolitisch integriert.
- Es gibt wechselseitigen Austausch und Beteiligung bei Soziaraumforen, Ortsrat, Arbeitsgruppen und sonstigen Ereignissen im Gemeinwesen.
- Mit anderen Institutionen und Einrichtungen, wie Schule, ASD Jugendpflege, soziale Stadt etc. besteht ein kooperativer Zusammenhalt.
- Möglichkeiten lokaler Ökonomien werden genutzt.

Menschen gestalten kooperativ und solidarisch, in überschaubaren sozialpolitischen Zusammenhängen, sozial-räumliche Aufgaben. Es geht dabei auch darum, im positiven Sinne Machtpositionen zu schaffen, um lokale Gegenmacht, damit nicht Interessen und Willensäußerungen der Betroffenen in den Bürokratien untergehen. Und: Es geht auch um neue Perspektiven für die Jugendhilfe[24].

---

24 Solche Perspektiven werden derzeit von mehreren Menschen an verschiedenen Orten diskutiert. Grundlage dazu ist der weiterführende Text von HEKELE, K. „Eine andere Jugendhilfe ist möglich“ (in Druck).

Literatur

Die Literaturliste enthält alle Titel, auf die ich mich bezogen habe oder die zum Weiterlesen geeignet sind.

Ader, S./Schrapper, Ch./Thiesmeier, M. (Hrsg.) (2001): Sozialpädagogisches Fallverstehen und sozialpädagogische Diagnostik in Forschung und Praxis. Band 1 der Koblenzer Schriften zur Sozialpädagogik und Weiterbildung, Weinheim, München

BMfSFFJ (Hrsg.) (1990): Achter Jugendbericht, Bonn

Beywl,W./Müller-Kohlenberg, H. (Hrsg.) (o.J.): Perspektiven der Evaluation in der Kinder- und Jugendhilfe, QS-Materialien 35, Berlin

Braun, K.H./Holzkamp, K. (Hrsg.) (1977): Kritische Psychologie, 2 Bde, Köln

Dettling, Warnfried (2001): Die Stadt und ihre Bürger, Gütersloh

Freire, P. (1973): Pädagogik der Unterdrückten, Hamburg

Früchtel, F./Lude, W./Scheffer, Th./Weißenstein, R. (Hrsg.) (2001): Umbau der Erziehungshilfe..., Weinheim, München

Gerull, P. (2000): Hand- und Werkbuch „Soziales Qualitätsmanagement". EREV-Schriftenreihe, Sonderausgabe, Hannover

Grunwald, K./Thiersch, H. (Hrsg.) (2004): Praxis lebensweltorientierter Sozialer Arbeit, Weinheim, München (besonders der Einleitungsbeitrag von Grunwald/Thiersch)

Heinemann, W./Peters, F. (1987): Ambulant betreutes Einzelwohnen (ABE) – eine Herausforderung der Heimerziehung, S. 442-447, in: unsere jugend, 30. Jg., Heft 11

Heiner, M. (1994): Selbstevaluation als Qualifizierung in der sozialen Arbeit, Freiburg

Hekele, K. (1977): Das Nachbarschaftskonzept, in: Gronemeyer /Bahr (Hrsg.)Nachbarschaft im Neubaublock, Weinheim

Hekele, K. (1999): „Qualitätssteuerung sozialer Arbeit" in: Kröger, R. (Hrsg.) „Leistung, Entgelt und Qualitätsentwicklung in der Jugendhilfe", Neuwied

Hinte, W. (2004): Sozialraumorientierung, Budgets und die Praxis integrierter Erziehungshilfen, S. 57-74, in: F. Peters/J. Koch (Hrsg.): Integrierte erzieherische Hilfen...., Weinheim, München

Hinte, W./Lütringhaus, M./Oelschlägel, D. (2001): Grundlagen u. Standards der Gemeinwesenarbeit, Münster

Hinte, W./Litges, G./Springer, W. (1999): Soziale Dienste: Vom Fall zum Feld…., Berlin
Holzkamp, K. (1973): Sinnliche Erkenntnis, Ffm.
Institut für soziale Arbeit e.V. (Hrsg.) (1994): Hilfeplanung und Betroffenbeteilung, Münster
Klatetzki, Th. (1993): Wissen, was man tut, Bielefeld
Klatetzki, Th. (Hrsg.) (1995): Flexible Erziehungshilfen, Münster
Kosik, K. (1972): Dialektik des Konkreten, Ffm.
König, J (2000): Einführung in die Selbstevaluation, Freiburg
Krumenacker, F.J. (Hrsg.) (2004): Sozialpädagogische Diagnosen in der Praxis, Weinheim, München
Kunstreich; T. (1998): Grundkurs Soziale Arbeit Bd I + II, Agentur des Rauen Hauses, Hamburg
Langhanky M./Frieß, C./Hußmann, M./Kunstreich, T. (2004): Erfolgreich sozial-räumlich handeln, Bielefeld
Luhmann, N./Schorr, K.E. (1982): Zwischen Technologie und Selbstreferenz: Fragen an die Pädagogik, Ffm.
Merchel, J. (Hrsg.) (1998): Qualität in der Jugendhilfe, Münster
Merchel, J. (Hrsg.) (2000): Qualitätsentwicklung in Einrichtungen und Diensten der Erziehungshilfe, Ffm.
Peters, F. (Hrsg.) (1993): Professionalität im Alltag. Entwicklungsperspektiven in der Heimerziehung II, Bielefeld
Peters, F. (Hrsg.) (1999): Diagnosen – Gutachten – hermeneutisches Fallverstehen…, Ffm.
Peters,F./Hamberger, M. (2004): Integrierte flexible, sozialräumliche Hilfen (INTEGRA) und der aktuelle Jugendhilfediskurs, S. 27-56, in: Peters, F./Koch, J. (Hrsg.) (2004): Integrierte erzieherische Hilfen..., Weinheim, München
Peters; F./Koch, J. (Hrsg.) (2004): Integrierte erzieherische Hilfen…., Weinheim, München
Rogers, C. (1972): Die nicht-direkte Beratung, München
Rudolph, M. (2003): Schüler helfen Schülern, in Jugendinformation Niedersachsen Nr. 1
Schrapper, Ch./Thiesmeier, M. (2004): Wie in Gruppen Fälle gut verstanden werden können. Teamorientierte Diagnose- und Beratungsprozesse am Beispiel sozialpädagogischer Fallarbeit in der Kinder- und Jugendhilfe, S. 118-132, in: C.O. Velmerig/ K. Schattenhofer, Ch. Schrapper (Hrsg.): Teamarbeit, Weinheim, München
Wolf, K. (1997): Machtprozesse in der Heimerziehung, Weinheim, München
Wolff, M. (1997): Neue Wege in der Jugendhilfe. Zur Flexibilisierung und Regionalisierung der Hilfen zur Erziehung in Jugendhilfestationen/Jugendhilfeeinheiten. In: Independent, H. 5/97;

Wolff, M. (2000a): Integrierte Erziehungshilfen. Weinheim, München

Wolff, M. (2000): Integrierte Hilfen und ihre Perspektiven für die Flexibilisierung von Jugendhilfe. Einige Befunde der wissenschaftlichen Begleitung des Verbunds Sozialpädagogischer Projekte e.V. Dresden. In: Jugendhilfe, 38. Jg., H. 4, S. 172-180